KB033763

꾸준한 자기경영과 금융공부로 이루는 직장인의 경제적 자유

월급탈출
로드맵

최용석, 유성열 지음

siso

꾸준한 자기경영과 금융공부로
이루는 직장인의 경제적 자유

월급탈출
로드맵

최용석, 유성열 지음

내가 다니는 회사와
내가 살아가는 사회를 이해하는 것부터가
진짜 부자로 가는 공부다!

siso

프롤로그

직장인의 행복에 대하여

혹자는 평범하게 사는 것이 가장 어렵다고 합니다. 저는 과거에 그러지 못했지만, 직장을 구하고 나서는 현실을 깨닫기 시작했고 동일 선상에서 더 나은 삶을 꿈꿔왔습니다. 그렇게 되기 위해 부단히 노력해 왔고 지금도 그 과정 중 어딘가에 있습니다. 많은 고민과 노력 끝에 나름대로 얻은 해답은 '열심히 사는 것보다 방향성을 갖고 사는 것이 훨씬 더 중요하다'라는 것이었습니다. 월급쟁이 직장인으로 열심히 일해서 더 나은 삶을 살겠다는 것이 불가능에 가깝다는 것을 우리는 이미 느끼고 있기 때문이죠.

저는 대부분의 월급쟁이 직장인들이 심적으로 느끼고 있는 이러한 갈증들을 많은 사람과 현실적으로 공감하며 해소할 수 있는 산출물을 만들고 싶었습니다. 하지만 저는 대중들로부터 존경받는 어떤 유명인도 아니고, CEO가 될 만큼 성공한 자본가나 직장인도 아닙니다. 그러나 가끔 TV에 나오는 유명인이나 소위 전문가라고 일컫는 사람들의 조언이나 그들의 책들이 말하는 내용은 때론 평범한 사람들이 공감하기에 다소 비현실적이고 실질적이지 않다는 생각이 들었습니다. 평범함을 이미 뛰어넘은 성공한 사람들의 회상과 재인으로써의 성공 경험은 이미 지난 과거 하나의 사건에 불과할지도 모르겠습니다.

우리는 지금 현재 나와 비슷한 처지와 현실 속에서 살아가고 있는 사람들을 준거집단으로 여깁니다. 저 또한 보통의 직장인들보다 성공이라는 것에 불과 한 발짝 정도 앞서있는 사람일 수 있기 때문에, 이 세계에서 비슷한 고민을 해온 경험과 그 공감력을 바탕으로 현실과 조우할 수 있는 지식을 전달할 수 있다고 믿었습니다. 소박하고 평범하거나 어려운 처지에 놓여있는 많은 사람에게 이로움을 주고 싶은 애정의 마음으로, 제 모든 진심을 담아 글을 썼습니다.

이 책은 단순히 주식이나 부동산 투자를 지향하거나 직장에서의 퇴사를 권유하는 책이 결코 아닙니다. 현 자본주의 시대는 열심히 사는 것보다, 더 나은 선택을 지속적으로 하는 것이 훨씬 더 중요한 세상이기 때문에 그러한 것에 보다 초점을 맞추었습니다. 사르트르는 "인생은 태어남(Birth)과 죽음(Death) 사이에 선택(Choice)의 연속"이라고 했습니다. 더 나은 선택을 위해서 우리는 자본주의를 이해하고 자본주의의 핵심인 기업을 공부해야 합니다. 그렇게 해야 기업들이 성장하고 부를 쌓아갈 때, 대한민국의 한 개인으로 살아가는 우리도 같거나 비슷한 속도로 부를 축적하여 상대적 빈곤으로부터 보호될 수 있습니다. 그러므로 월급쟁이에 불과한 직장인이라면 기업과 금융을 확실하게 이해하고, 자기경영과 계발, 현금을 창출할 수 있는 기회를 만들어 행복한 삶을 영위할 수 있는 지혜를 스스로 창조해야 합니다. 이 것이 바로 진정한 '월급 탈출'의 의미가 아닐까요?

어둡고 외로운 밤바다를 항해하는 평범한 대한민국 월급쟁이 직장인들의 인생에 이 책이 북극성과도 같은 지표가 되길 바랍니다.

최용석, 유성열 드림

차례

프롤로그 - 직장인의 행복에 대하여   004

STEP 0.
금융문맹
인정하기

01. 주식시계의 자명종이 울리면   013
02. '자본 지도'가 없는 직장인들   020
03. '물질'에 대한 오해   024
04. 큰돈을 버는 사람들의 마음가짐   029

STEP 1.
직장인이
가난한 이유

01. 나는 직장을 그만두기로 했다   037
02. 직장생활만으로는 부자가 될 수 없다   046
03. 버티는 삶 VS. 즐기는 삶   051
04. 인간은 돈을 잃게 설계돼 있다   055
05. 직장에 다녀야 하는 이유   059
06. 나는 어떻게 투자자가 되었나   064
TIP 직장인에게 주어진 창과 방패   070

STEP 2.
세상을 바라보는
프레임 바꾸기

01. '자본주의'라는 게 대체 뭘까?   077
02. '전망'보다는 '대비와 대응'이 필요하다   090
TIP 심리적 지도의 중요성   099
03. 돈의 가치는 왜 변하는 것일까?   103
04. 기업이 변화하고 있다   111
05. 기업을 분석하는 방법   118
06. 익숙함을 넘어서는 용기   127
07. 마케팅과 자본주의   133

STEP 3.

주식투자,
오늘부터 시작하기

01. 투자에서 돈을 벌기 어려운 이유   141
02. 부동산투자 VS. 주식투자   150
03. 투자에서 100패는 기본이다   155
04. 직장인을 위한 생존투자법   159
05. 수익률을 끌어올리는 분석법   173
06. 어떤 기업에 투자할 것인가   178

STEP 4.

변화는 숲을
보면서 시작된다

01. 분산투자, ETF가 좋다   189
02. 일상 속에 숨어있는 미국 기업   196
03. 미국 주식에 열광하는 이유   200
04. 위대한 기업의 단 한 가지 공통점   208
05. 아마존으로 본 미국 자본주의   214
06. 매력적인 B2B 기업을 발굴하라   221
07. 내가 배당을 받으면 기업은 후퇴한다   226

STEP 5.

평범한 직장인을
부자로 만드는 기술

01. 게을러지기 위해 공부하라   233
02. 전문가가 되는 가장 빠른 방법   238
03. 이번 생은 N잡러로 살기   242
04. 자신만의 방식으로 살아라   247
05. 스스로 인생을 경영하라   252
06. 많은 사람을 만나라   262
07. 실전에 통하는 공부가 답이다   266
08. 금융공학적 사고를 하라   269
TIP 부자 되는 습관, 렛잇비   274

참고도서   278

금융문맹
인정하기

01. 주식시계의 자명종이 울리면
02. '자본 지도'가 없는 직장인들
03. '물질'에 대한 오해
04. 큰돈을 버는 사람들의 마음가짐

01.
주식시계의
자명종이 울리면

"

    캄캄한 방, 어젯밤 잠들기 전 머리맡에 놓아둔 휴대폰을 찾기 위해 손을 더듬는다. 새벽 5시 50분, 간단히 시간을 확인하고 조금 더 눈을 붙이자니 어떤 두려움이 엄습해온다. 내가 꿈속을 헤매는 사이 지구 저 반대편에 넘겨준 태양 아래 무슨 일이 있었을까? 내가 있는 캄캄한 세계 속에 잠시 의식을 잃은 시간도 내게 의식이 돌아온 이상 어떤 형태로든 실제 경험한 것으로 돌려야 한다.

    마치 잠을 잔 것 같지가 않다. 내가 보지 못한 세상도 내가 없던 세상도 어떠한 방법으로 다시 나에게 살아 돌아온다. 야

후 파이낸셜, CNBC, 블룸버그, 네이버 뉴스, 마치 경험한 것처럼 나에게 돌아왔다. 기억이란 그저 이런 것일까? 돌아보면 내게 실제 일어났던 여러 사건도 당장의 현실을 마주해야 하는 나에게 큰 의미가 없다. 이러한 사건들도 그저 나에겐 4차 산업의 가상 물리 시스템에 쓰일 데이터일 뿐이다.

마음을 가다듬고 주요 뉴스를 빨리 넘겨본다. 유가가 올랐는지, 환율은 어떤지, 코로나가 진정되었는지, 미국 증시는 어땠는지 등 이 모든 뉴스를 재빨리 훑어보고 나름의 메타분석을 시작한다. 눈을 뜨자마자 내가 가진 주식의 안위를 먼저 살핀다.

'오늘은 좀 올라야 할 텐데…'

자본주의 사회의 중심인 기업이라는 곳에 몸을 담은 지 15년이 흘렀다. 돈을 벌기 위해 입사했지만 자본주의를 제대로 배우거나 이해해본 적이 없다. 회사에서 나오는 월급이 어떻게 내 통장에 들어오는지 생각해보지 않은 채 주어진 일, 시키는 일만 열심히 했다. 아이러니하게도 나는 돈 버는 방법을 모른다. 제조업 회사에서 열심히 과학과 기술, 경영을 배웠지만, 그 지식을 아는 것과 돈을 버는 것은 전혀 다르다는 것을 뒤늦게 이해했다. 회사도 돈을 벌기 위한 게임을 한다는 것을 그리고 그 게임을 제대로 하기 위해 각자가 자신의 위치에서 주어진

연극을 잘해야 살아남을 수 있다는 것을 말이다.

나의 회사생활은 단순했다. 가끔은 회사의 상사가 아무 생각과 의미 없이 모호하게 던진 주제에 대해서도 그 숨은 뜻을 알아내기 위해 고군분투했다. 회사는 자본주의를 가르쳐 주지 않았다. 자본주의를 증권회사 펀드매니저에게 배우는 것은 당연한 듯하다. 나는 어쨌든 이 파멸적이고 항구적인 경쟁에 들어섰다. 나는 내가 가진 어떤 경험, 어떤 자극, 어떤 학습, 어떤 인맥에 따라 투자 여부를 직관적으로 판단한다. 오늘도 내가 했던 과거의 직관이 옳았기를 바라며 출근을 한다. 나의 감정이 부디 흔들리지 않고 그저 평안한 하루를 마칠 수 있길 기도한다.

오전 9시, 장이 열리는 시간이 다가옴에 따라 긴장감은 서서히 고조된다. 지금 당장의 일보다는 오늘 나의 투자로 내가 돈을 버는 것이 제일 중요하다. 나의 모든 투자 포트폴리오들이 2002년도 월드컵의 붉은 악마처럼 새빨갛게 물들여져 "대한민국 만세!"를 크게 외쳐보고 싶다. 드디어 장이 시작되었다. 내 휴대폰 화면은 태극문양의 음양오행처럼, 아니 모세의 기적처럼 붉은빛과 푸른빛으로 나뉘기 시작했다. 지금 당장은 Percentage보다 Won의 숫자가 더 중요하다. '제길, 이것도 도량형 통일이 아닌가?' 하필 그 시각 회사 앞을 지나가는 미친 듯한 굉음 속 오토바이는 시끄러운 노래를 내뿜으며 휑하니 사라져 갔다.

주식투자를 통해 토끼처럼 벌다가 결국 코끼리처럼 잃었다. 삽시간에 한 달 월급의 반 이상이 날아갔다. 나는 수익률 목표를 50% 이상 잡았었다. 나중에 알게 된 사실이지만 세계에서 제일 돈을 잘 버는 워런 버핏의 수익률은 20% 정도였다. 나는 우사인 볼트보다 더 빨리 달릴 수 있다고 착각한 것이었다. 어쨌든 내게 주어진 이 시련을 견뎌야 한다. 공포에 사고, 뉴스에 팔라고 누가 그랬던가? 이 코로나 시대는 뉴스에서도 사고 공포에서도 사야 한다. 경제학의 수요, 공급의 원칙도 철저하게 무시되었다. 수요가 많을수록 가격이 떨어진다. 반면 공급이 많으면 가격이 올라간다. 이런 제기랄, 이런 건 배워본 적이 없잖아! 나는 그냥 먼지 같은 존재인가? 앞으로도 바람 부는 데로 휩쓸려 다닐 것인가?

주가가 오르는 이유는 딱 두 가지로 수렴한다. 내가 사지 않았거나, 내가 팔았거나. 반대로 주가가 내리는 이유도 그러하다. 내가 샀거나, 내가 팔지 않았거나. 이미 종국의 결과는 나와 있었다. 나는 패배하게 되어있었다. 물 타기, 추격매수, 차트 분석 그런 건 나 같은 사람에겐 아무 의미가 없다. 하지만 나는 본능적으로 계속 휴대폰을 만지작거릴 수밖에 없다. 화창한

봄 하늘이 탐욕의 황사 때문인지 노랗게 변했고, 내 마음은 그저 불안할 따름이다.

성경에 나오는 소돔과 고모라의 이야기에서 롯의 아내가 뒤를 돌아보며 소금기둥이 된 것처럼 나도 이 게임의 룰 속에서 이미 타락되어 있었다. 카네만과 티버스키의 손실 회피성, 민감도 체감 이런 이론들이 마구 떠오른다. 대중들 개인으로 살펴보면 대부분 현명한 듯 보이지만 이 게임 속에 들어왔을 때는 대중 심리를 신봉하는 멍청이가 될 수밖에 없다. 만약 내가 돈이 많다면 심리 선동을 잘 해서 한번 장난을 쳐 볼만도 하겠다는 생각이 든다.

이 시장은 나와 같은 사람의 자본을 휩쓸어 가기 좋은 곳임을 깨달았다. 이 시장은 시장의 원리를 철저하게 깨닫고 모든 구조를 지배하고 있는 소수의 집단들이 어떻게든 단기적으로 좌지우지할 수 있는 곳이다. 그러므로 이 심리싸움에서 이기기 위해서는 내 투자에 대한 확고한 믿음이 있어야 될 것 같다. 온갖 마귀들이 나를 유혹해도 꿋꿋하게 버틸 수만 있다면 승산 있는 게임이 될 수도 있는 것이다.

피곤에 절어 침대에 몸을 누인다. 모든 것을 포기한 상황이지만 인간이란 학습을 통해 성장하기 마련이다. 가끔 코로나바이러스가 인간에게 선물해준 국선 마스크들이 나의 구태의연

함을 보살펴 준다는 느낌이 든다.

수면을 취하고 깨어났다. 다시 휴대폰을 찾는다. 또다시 모든 것들이 실제 내게 일어난 것처럼 생생하게 내 기억 속 데이터가 된다. 이런 제길, 내가 쉬어본 적이 언제지? 나는 오늘의 행복을 계속적으로 내일로 미루고 있는 것이다. 내 모든 행복을 이 조그만 휴대폰 창안에 가두어 두고 있는 건 아닐까?

일상은 그렇게 반복된다. 여러 가짜들은 내게 쓸데없이 지속적인 정보를 제공하며 내 귀동냥을 통해 무언가를 노리고 있다. 지금 당장 3000% 급등할 것을 알려주겠다며 선동하기 시작했다. 워런 버핏의 가치 투자법을 읽는다. 회사 일도 집중해야 된다. 지속적인 회의와 여러 호출에 단타를 포기한 지 오래다. 본전을 생각하기보다 비법을 찾아야 한다. 해야 할 공부 양이 만만치 않다. 그래도 시험공부 보다는 쉽고 재밌다는 생각이 든다.

회계를 이해해야 한다. 누가 기업의 언어는 회계라 했던가? CB, BW, 선물, 옵션 어려운 용어들도 사전을 찾아 뒤적거린다. 내가 제대로 알아야 이 망할 놈들의 사기꾼들 장난에 놀아나지 않는데 말이다. 알고 보면 주식 투자는 매우 쉬운 게임 같기도 하다. 투자를 한 시점부터 탐욕을 절제시킬 마취주사 한방이면 될 것 같다.

15년의 회사생활이 아쉽다. 난 그동안 뭘 한 걸까? 언제부터 역성장으로 향하는 컨베이어 벨트에 내 삶을 그대로 맡겨둔 것일까? 나는 오늘 이 자명종의 알람 버튼을 OFF로 돌렸다. 내게 주어진 행복을 더 이상 내일로 미루지 말아야 한다는 죄의식과 물질만 바라보는 것으로 잃어버린 내 삶의 가치를 훼손하지 말았어야 했다. **"**

많은 사람이 투자 실패를 경험합니다. 신기하게도 투자 실패에 대한 이야기는 천편일률적으로 동일합니다. 마치 미끼에 걸린 물고기처럼 본능적으로 달려들고 당하게 되지요. 주위를 둘러보면 이러한 실패를 반면교사 삼는 학습보다는 이 실패 원인을 자신이 아닌 다른 곳으로 돌리는 분들이 많습니다. 귀인 과정을 이런 식으로 되풀이하다 보면 이처럼 누군가에게 휘둘리며 살아야 하는 함정에 빠지게 되지 않나 하는 생각이 듭니다. 자신을 제대로 돌아보고, 정확히 직시하는 것부터가 금융 문맹 탈출의 시작입니다.

02.
'자본 지도'가 없는
직장인들

제가 이야기하는 투자 비법은 현시대 자본주의의 주류이며 많은 돈을 벌어온 상류층과 그와 관계된 사람들은 누구보다 더 잘 알고 있기 때문에 그들에게 있어서는 더 이상 새로운 지식이라고 말하기는 어렵습니다. 다만, 이 기본적인 것조차도 모르고 금융 맹인으로 살아왔던 것이 한심할 뿐입니다. (참고로 저는 절대 주식투자 전문가는 아닙니다.)

'그렇다면 도대체 어떻게 살란 말이냐, 어떻게 하면 가난한 직장인에서 탈출할 수 있냐'라고 물으실 겁니다. 이렇게 묻는 대부분의 사람은 자신만의 자본 지도가 없기 때문입니다. 그렇다면 자본의 지도를 그리는 일부터 시작해야 되겠죠?

휘황찬란한 곳에는 독이 있습니다. 아름다울 것만 같은 곳에는 자본주의의 괴물들이 보이지 않는 곳에 숨어 웅크리며 항상 먹잇감을 노리고 있습니다. 우리의 자연 생태계도 그러한데 독(毒)을 잘만 쓰면 약으로 쓸 수 있습니다. 주식을 시작했으면 좋은 기업을 분석하여 선택하고 주식을 사는 행위부터 시작해야 합니다. 그렇다면 매일 컴퓨터 앞에 쭈그리고 앉아서 주식 차트나 보면서 수익이 나기만을 기다리면 되는 것일까요?

저는 그렇지 않다고 생각합니다. 그 시간부터는 결과를 통제할 수 있는 전략을 세워야 합니다. 전략이라는 단어에는 위기 관리, 시장 및 기업 모니터링, 매수/매도, 경제 분석 등이 포함됩니다. 이 전략을 세우기 위해서는 전체적인 지도를 가지고 가고자 하는 방향과 목적을 정확하게 설계하는 것이 중요합니다.

이 전략에는 너무 많은 변수들이 있기 때문에 그 전략의 수준에 따라 자기 설득과 확신을 가져 객관성 높은 성공을 더욱 담보할 수 있다고 보기 때문입니다. 그렇기에 많이 알아야 하고 그 앎의 맥락(Context)을 성장시키고 이어가는 것이 중요합니다. 그래서 자칫 우리가 느끼지 못했거나 보지 못한 부분을 드러내고 위협적인 독(毒)이 있다면 어떻게 피해야 할지 미리 알고 있어야 합니다. 시장이라는 이 어장 속의 자본주의 낚시 바늘은 아직도 우둔한 군중들을 낚기 위해 매일같이 날카로워지고 있습니다.

2020년 8월 FRB(미국 연방준비제도)는 평균 물가 제도와 제로금리를 상당기간 유지하겠다고 공표했습니다. 이를 통해 알 수 있는 것 중의 하나는 자산시장과 실물 시장에 변화가 생길 것이라는 점입니다.

금리의 변화는 당장 은행이라는 기업의 자본주의에도 영향을 미칠 것입니다. 중앙은행에서 지급준비율을 하향 조정했다고 하더라도 대출금리가 낮아졌기 때문에 당장의 수익을 실현하기 힘듭니다. 그러므로 이들 은행은 어떤 방식으로든 수익을 내기 위해 대중들을 속이는 데 필요한 상술을 준비하고 있을지 모릅니다.

기업들의 실적 악화로 실업자들이 시장으로 몰려나올 수도 있습니다. 신용등급이 낮은 기업이 발행하는 하이 일드(High Yield) 채권이 얼마나 발행되는지 살펴보아야 합니다. 기업 부도율과 연관되어 있기 때문에 시장 붕괴의 조짐을 예측할 수 있는 것입니다. 시장은 신용이라는 것으로 굴러가고 있고 그 신용의 기준이 바로 직업이기 때문에 기업의 실업률은 매우 중요한 지표입니다.

우리는 먼저 눈을 크게 뜨고 시장을 올바로 보는 능력을 키워야 합니다. 사업의 기본 요소를 토지, 노동, 자본이라고 하듯, 토지는 부동산, 노동은 실업률, 자본은 채권 등과 같은 자금 조달인 점을 볼 때 채권, 주식, 부동산 이 모두가 하나의 도미노처럼 연결되어 있는 것입니다. 지금도 이 불완전한 자본주의라는 시스템을 완전히 붕괴시킬 수 있는 폭발물의 뇌관이 언제, 어디서 터질지 두려워만 하고 있는 건 아닌지요?

자본주의 세상 속에서 누구나 다 자신만의 '자본 지도'를 가지고 있을 것입니다. 생명보험에 가입하고, 적금을 드는 것도 그 일환인 것이죠. 자신이 가지고 있는 지도가 잘못된 방향을 가리키더라도 어쨌든 지도는 지도입니다. 여기서 한 가지 묻고 싶은 것은 '언제 그 지도를 업그레이드하였는가?'입니다. 자본 지도가 있다손 치더라도 현실 세계의 급격한 변화에 맞서 흔들리지 않을 자신만의 믿음은 어느 정도인가요? 월급 탈출 실전에서는 이러한 '자신만의 자본 지도'와 '변화에 대한 믿음'이라는 두 가지가 반드시 선행되어야 합니다.

03.
'물질'에 대한 오해

가치란 도대체 무엇일까요? 네이버 사전에 '가치'라 쓰고 그 의미를 찾아봅니다. 한자로는 價値(가치)인데 둘 다 값을 의미하는 한자라는 것을 알게 됩니다. 가치의 의미는 크게 두 가지로 분류됩니다. 경제학적 의미로서의 가치와 철학적 의미로서의 가치이죠. 보통 우리가 말하는 가치는 전자에 해당하는 물질에 대한 것입니다.

저는 유물론, 물질만능 등의 단어를 좋아하지 않았습니다. 하지만 제가 군대를 제대하고 대학에 복학했을 때, 어떤 교수가 했던 말이 생각납니다. 그는 셰익스피어의 4대 비극 중 하나인 오셀로를 가르치던 중, 잠자는 학생들을 깨우기 위해 한 가지 질문을 던졌습니다. "여러분들은 사랑이 무엇이라고 생각하나요?" 학생들은 지루함과 몽롱함 가운데서 질문에 대한 답변을 큰 고민 없이, 여러 비속어를 포함한 용어들로 가볍게 내뱉었지만, 교수는 아랑곳하지 않고 다음과 같이 진지한 표정으로 자신만의 답변을 늘어놓았습니다.

"여러분, 사랑이란 서로에게 감사하는 마음입니다. 그리고 그 감사하는 마음은 물질에서 옵니다. 그리고 저는 물질주의자입니다."

교수의 답변은 아주 현실적이면서도 인간의 감정이라는 가치를 냉혹하게 상실한 것이었습니다. 인간의 감정이 물질에 지배되다니. 저는 그 이후로도 물질과 정신의 선후관계나 영향에 대해 그렇게 따져보지 않으려 했습니다. 그러나 최근 정보통신기술의 발달로 뇌 과학 분야에 대한 정보를 다양하게 접하게 되면서, 인간의 마음과 감정은 심장에 있는 것이 아니라 뇌에 있다는 것을 분명히 했습니다.

사람의 감정, 마음, 생각은 1.4킬로그램의 뇌 속의 수천억 개나 되는 뉴런이 만들어 내는 산물일 뿐이었죠. 우리의 뇌 속 세포라는 물질들은 전기적, 화학적 작용으로 감정을 다스립니다. 우리가 술을 마시는 행위도 뇌에 영향을 주어 감정을 변화시키는 것 중의 하나이죠. 뉴런의 돌기들이 연결되는 구조를 시냅스(synapse)라고 하는데 술을 마시게 되는 경우 알코올이 시냅스 사이로 침투해 뇌의 신경세포 간 정보교환을 방해하는 것입니다. 즉 술에 취하거나 일시적으로 기억을 소실하게 되는 것이죠. 술에 취하면 없던 자신감도 생기게 되고, 평소에 알고 있던 자아의 파괴를 경험하게 됩니다. 어느 순간 저는 감정보다 물질이 먼저라는 것을 받아들여야 했습니다. 편안함 마음을 얻기 위해 정신과 의사가 처방해주는 약물도 일종의 그런 것이었고, 친구들 간의 섭섭함과 고마움도 대부분 물질에 의존하고 있었습니다.

저는 셰익스피어의 4대 비극인 《오셀로》라는 흑인 장군의 이야기 속에서, 교수는 왜 물질이라는 단어를 이야기했었는지 시간이 꽤 지나서야 이해했습니다. 오셀로라는 흑인 장군은 자신이 사랑했던 여인 데스데모나를 몇 가지 물질만으로 스스로를 오해의 함정에 빠뜨려 그녀를 죽음에 이르게 한 것입니다.

유물론이란 것은 그저 물질이 만능이라는 단순한 메시지를 전해주는 것이 아니었습니다. 나의 삶과 주위의 많은 사람, 과학, 자연 그리고 우리 사회의 내면을 이해하게 해줄 수 있는 철학이었습니다.

혹시 진심으로 사랑했던 인연과 결별한 적이 있나요? 과거

특정 시점에만 존재했던 어떤 사랑은 이미 죽었다고 표현할 수 있을 것입니다. 몸이 멀어지면 마음도 멀어진다는 것도 유물론에 비추어 볼 때 전혀 틀린 말이 아닙니다. 그래서 오래전 좋았던 인연들과도 물리적 거리가 멀어져, 관계가 끊어지거나 소홀하게 되는 경우도 당연하게 받아들일 수 있습니다. 그럼에도 불구하고, 과거의 자신에게 영향을 준 인연들과 함께 만들어낸 철학과 의미는 현세 속 자신의 삶을 이야기해주는 변증법적 유물인 것입니다. 그러므로 물질과 철학의 공존, 이에 대한 존중을 우리는 받아들여야 합니다.

오래전 저는 취업을 목표로 여러 기업에 도전하고 있는 취준생(취업준비생)들에게 희망의 조언을 전하기 위해 강의에 나섰습니다. 강의 주제는 이거였습니다. 어떻게 하면 취업을 잘할 수 있을까? 저는 이 강의를 통해 실질적으로 도움이 되는 지도를 해야 한다는 의욕에 앞서 그만 취업을 물질로만 생각하여, 수강생들에게 '어떻게 하면 돈을 잘 벌 수 있을까?'라는 주제로 강의했던 적이 있습니다. 지금 생각해보면 부끄럽기 그지없습니다. 저 또한 유물론을 정확하게 이해하지 못한 채 강의에 나선 것이었죠.

취업이 돈을 벌기 위한 수단은 맞습니다. 하지만 기업이란 생태계 속에서 살아가고 있는 수많은 직장인들의 독특한 삶의 가치를 잠시 잊어버린 것이었죠. 취업을 통해 자아의 가치를 발견하고, 나름의 성과와 보람을 느끼며 얻는 기쁨을 말해주지 못한 것에 대한 후회가 뒤늦게 밀려왔습니다.

19세기 영국의 대표적인 철학자 존 스튜어트 밀(John Stuart Mill)의 이야기를 적용해보면, 인생의 기쁨은 자신이 원하는 대로 자신의 삶을 꾸려 나가는 것에 있습니다. 그래서 원하는 삶을 살기 위해서 물질이라는 것에 너무 집착하거나 혹은 물질을 너무 외면하며 배고픈 소크라테스가 되려는 것은, 이 세상 모든 인간에게 공평하게 주어진 인생 기쁨의 총량 중 절반 이상을 훼손하는 것이라 생각합니다. 그러므로 삶이란 철학적 가치도 물질이란 것에 얹혀 생을 더욱 아름답게 할 수 있다고 주장하고 싶습니다.

04.
큰돈을 버는 사람들의
마음가짐

많은 금융 분석 전문가들은 왜 정신교육에 시간을 더 많이 할애할까요? 금융 투자를 할 때 그만큼 올바른 정신으로 하는 것이 중요하기 때문일 것이라 짐작해봅니다. 이는 특히 어려운 형편에 있는 자들에게 더 중요한 부분입니다. 부자들에게는 있지만 가난한 자들에게는 없는 것이 바로 기다림입니다.

부자들은 많은 돈을 굴리기 때문에 투자한 돈의 단기적 움직임을 크게 생각하지 않습니다. 그러나 주머니 사정이 넉넉하지 않은 일반인들은 하루하루의 변동성에 매우 민감하기 때문에 이를 견딜 체력이 빈약하기 그지없습니다. 그래서 보통 이

싸움에서는 자본을 많이 가진 자들이 유리합니다. 그러므로 투자로 부자가 되고 싶다면 부자들과 정면승부할 마음가짐을 가져야 합니다. 그래서 금융 분석 전문가들의 정신교육 목적은 단 한 가지라고 생각합니다. 바로 부자들보다 더 욕심을 버리는 훈련입니다.

과거 또는 현재에 큰돈을 버는 사람들의 마음가짐은 어땠을까요? 과연 워런 버핏이 몇 퍼센트나 올랐는지 매일 주식차트만 뚫어져라 쳐다보고 있을까요? 일론 머스크 회장이 테슬라 주가가 많이 올라 당장 매도해서 수익을 실현하기 위해 안절부절했을까요? 실제로 기업의 내부는 대부분 늘 조용합니다. 시끄러운 건 항상 시장이죠.

시장의 뉴스는 대부분 언론이 지배하고 있고 대중들은 언론보도에 심리적 영향을 받을 수밖에 없습니다. 하지만 언론은 이슈가 있든 없든 어떤 기사를 매일같이 생산해내는 것이 일입니다. 그러므로 그다지 중요하지 않은 이야기, 숨겨진 목적과 관련된 뉴스, 사실과 다른 추측성의 보도 등도 때론 뉴스의 일면을 장식합니다. 이 또한 언론 자본주의 시스템의 구조적인 문제이기도 합니다.

대부분 기업들의 사정은 갑작스럽게 크게 변동되지 않습니다. 기업의 가치를 보고 투자를 한다면 이러한 시장의 소음을 잘 걸러서 들어야 합니다. 즉 시장이 움직이는 현상과 기업이 움직이는 현상을 구분하는 분별력만 있으면 됩니다. 그 분별력을 가지고 있으면 오히려 시장의 변동성에 마음이 요동치지는 않지요.

사실 이 마음의 요동은 이론으로 충분하지 않습니다. 우리가 어떤 시험을 볼 때 이론서를 보는 것보다 문제지를 바로 보는 것은 바로 쟁점을 이해하기 위함입니다. 그러므로 마음의 요동을 잡기 위해서는 실전 경험도 필요합니다. 그래서 투자로 돈을 잃어 보는 것도 좋은 경험이라고 생각합니다. 욕심을 버리는 훈련은 돈을 잃었을 상황뿐 아니라 돈을 벌었을 상황에도 마찬가지로 중요합니다.

예를 들어, 주식 투자로 갑작스레 백만 원을 벌었다면 바로 수익실현을 해야 할까요? 당장의 욕심 같아서는 이 돈을 바로 현금화하고 싶을 것입니다. 그러나 이 수익실현도 당장의 욕심일 수 있습니다. 한번 자문해보시죠. 백만 원으로 내 인생을 바꿀 수 있을까요? 당장 회사에 사직서를 내고 출근을 하지 않아도 되나요? 인생의 터닝 포인트가 되지 못하는 투자수익은 결국 아무것도 바꿀 수 없습니다. 그렇다고 주식투자에 모든 것을 걸고 인생을 바꾸라고 말하는 것은 결코 아닙니다. 기업 투자로 실현 가능한 과실을 최대한 얻어, 인생 변화의 재료로 사용해야 된다는 것입니다.

보통 전문가들은 투자할 종잣돈이 없는 사람들은 빚을 내서 투자하지 말라고 권합니다. 빚으로 투자를 하는 것은 더욱 개인의 심리를 불안하게 하는 요소입니다. 하지만 기업들을 살펴보면 부채비율이 200%인데도 미래의 수익성 등을 따져서 매우 건전하게 보기도 합니다. 어느 정도 레버리지 효과를 기대하는 것입니다.

회계에서 우리가 배워왔던 레버리지 효과는 크게 두 가지로 나누어집니다. 고정 영업비용의 증가로 매출이익이 증가되는 영업레버리지, 고정 금융비용의 증가로 주당순이익(EPS) 증가 현상이 나타나는 재무레버리지입니다. 즉 레버리지라는 지렛대 효과를 잘 활용하면 큰돈을 벌 수 있는 기회는 늘 존재하고 있는 것입니다. 저는 가끔 투자를 원하는 종잣돈이 부족한 직장인들에게 다음과 같이 이야기합니다.

"자신이 확신이 드는 종목이 있다면, 월 10만 원을 이자로 지급할 수 있는 돈을 차입해라."

레버리지를 활용해야 더 빨리 돈을 벌 수 있습니다. 하지만 이 레버리지는 부도의 위험도 있기 때문에 결국 분석을 통한 자기 확신과 믿음이 밑바탕에 깔려 있어야 합니다.

아무리 좋은 분석과 확신이 들었더라도 전체적으로 시장이 좋지 않아 많은 돈을 잃을 수도 있습니다. 금융투자는 돈을 쉽게 빨리 벌 수 있는 기회가 있음과 동시에 그 반대의 위험도 도사리고 있습니다. 다시 말씀드리지만, 주식투자에 모든 것을 걸고 단번에 인생을 바꾸려고 하지 말길 바랍니다. 이 글은 기업 자본주의의 과실을 개인이 최대화할 수 있는 방법을 통해, 인생 변화의 유용한 재료로 쓰길 바라는 마음을 담은 것입니다.

직장인이
가난한 이유

01. 나는 직장을 그만두기로 했다

02. 직장생활만으로는 부자가 될 수 없다

03. 버티는 삶 VS. 즐기는 삶

04. 인간은 돈을 잃게 설계돼 있다

05. 직장에 다녀야 하는 이유

06. 나는 어떻게 투자자가 되었나

TIP 직장인에게 주어진 창과 방패

01.
나는 직장을
그만두기로 했다

직장이라는 곳에 몸을 담은 지 한참의 세월이 흘렀습니다. 직장생활을 해오며 제때 진급했고 나름 실력을 인정받아 매년 연봉 상승의 영광을 누리며 부족함 없이 살아왔습니다. 그러나 대한민국 전체 근로자 중에서 상위 20% 안에 드는 연봉을 받고 있음에도 이러한 삶이 불안했습니다.

저는 학부시절 문학을 전공했지만 생각지도 않게 공대생들이 득실거리는 제조업 회사에 취업하게 되었습니다. 제조업은 기본적으로 공대생들의 이공계 지식이 기초가 되는 산업입니다. 그러다 보니 저의 지식에 대한 갈증은 언제나 엔지니어링 분야였죠. 기술과 관련된 지식의 모자람을 드러내지 않기 위해 남몰래 관련된 지식을 탐구했고 뭐든 배우려 노력했습니다. 그리고 기술과 관련된 분야에서 마치 전문가처럼 행동하고 인정받는 것이 저의 직장생활에 있어서 생존을 가름하는 것이라 생각했습니다. 그리고 그러한 일들을 능숙하게 잘 해내는 것이 마치 일의 보람이라고 느낄 정도로 저의 모든 관심과 생각은 늘 거기에 집중되어 있었습니다. 오로지 직장생활에서 보람을 느끼기 위한 방법을 찾고 그곳을 오래 다니기 위한 전쟁을 펼친 것입니다. 그 결과 점점 기업과의 지속적인 근로계약 없이는 생존할 수 없는 노동자, 즉 월급 노예로 평생을 살 수밖에 없겠다는 생각이 커졌습니다. 월급을 위해 금쪽같은 청춘의 시간을 모두 허비해야 하고, 정년이 지나서도 조금이라도 더 벌어먹기 위해 비루하게 무작정 버텨야 하는 상황까지 나 자신을 몰고 갈 것이 자명해 보였습니다.

혹자는 회사 일을 열심히 하는 것이 재테크라고 하더군요. 승진과 연봉 상승 등으로 개인의 부의 가치를 얼마든지 높일 수 있다는 주장이었죠. 물론 개인마다 환경(배우자의 직업과 연봉, 부모의 재산, 가정환경 등)이 매우 다르기 때문에 재테크라는 가치의 기준도 개인에 따른 차이가 있을 겁니다. 저의 경험으로는 평균 이상의 연봉 상승과 승진을 오랜 시간에 거쳐 해와도 사실 그것만으로 부의 세계에 진입하기에는 턱없이 부족하다는 것을 체감했습니다. 남은 직장생활을 그동안과 똑같이 반복해 보낸다면, 그 인생의 말로는 어느 정도 예상되는 것이었죠.

저는 과거에 금융과는 담을 쌓고 살았습니다. 엔지니어링으로 지식을 자랑하고 전문성을 발휘하는 것이 많은 사람으로부터 존경을 받는다고 생각했었죠. 그러나 금융에 눈을 뜬 후, 사고의 전환을 하게 되었습니다. 과거에 제가 노력했던 엔지니어링 지식은 그저 마케팅용 허세일 뿐이었다는 것도 알게 되었고요. 한 엔지니어가 어떤 제품을 직접 설계, 제작, 실험까지 했다손 치더라도 그 제품에 대한 과학을 제대로 이해하는 데 얼마의 시간이 걸릴까요? 아니, 제대로 이해나 할 수 있을지 모르겠습니다. 그저 매우 좁은 영역에서 그와 관련된 변수를 어느 정도 통제할 수 있는 수준밖에 안 되었죠. 그렇다면 그것을 옆에서 곁눈질로 보고받는 사람의 이해도는 얼마나 될까요? 결론적으로 엔지니어링은 저에게 아무런 의미가 없는 것이었습니다. 그 지식을 마치 잘 아는 것처럼 포장하며 허영을 부리는 직장인들도 많이 봐왔습니다. 저도 그러한 부류 중의 한 명이었으니까요.

개인적으로 실질적인 부를 증가시킬 방법에 대해 관심을 가질 겨를이 없었습니다. 조직이라는 곳에서 상사의 기분을 살

퍼야 했고 해결하기 어려운 업무를 풀기 위해 밤새 고민해야 했으니까요. 이러한 일들을 잘 해낼수록 회사로부터 인정받았습니다. 회사에서 인정을 받는다는 것은 좋은 일이었지만 그렇다고 기업에서 저의 연봉을 파격적으로 50%, 100% 올려 줄 리 만무하죠. 아무리 일을 잘해도 연봉 인상률은 매년 2~3% 수준이었고, 경기가 좋지 않으면 동결되는 경우도 종종 있었습니다. 그저 칭찬 한마디, 덕담 한마디 더 듣고 일할 자리를 보장받는 수준이었습니다. 회사의 이익을 위해 몰입하며 지나치게 에너지를 소모해 온 덕분에 제 개인의 삶을 변화시키는 것에 사용할 힘은 거의 없었던 것 같습니다. 보통 직장인들이 살아가는 보편적인 삶의 패턴이 아닌가 합니다. 직장생활은 마치 방향제 같습니다. 나 자신이 스스로 내뿜을 수 있는 향기가 사라져 버렸을 땐 조직은 더 이상 나를 필요로 하지 않습니다. 제 향기가 사라져 쓸모없어지기 전에 내 삶을 바꿀 특단의 대책을 사전에 마련해 두어야겠다고 생각했습니다. 물론 직장생활도 의미가 있었지만, 물질만을 좇다 보면 자본의 풍요를 누릴 수도 있겠으나 내 삶의 모든 양상이 물질로서의 의미들로만 채워진다면 그 삶은 결코 행복할 수 없습니다. 그러므로 직장인으로서의 삶과 나로서의 삶이 공존한다는 것을 인정하고 이 삶의 균형을 서로 존중해주는 주체가 바로 '나'라는 것도 잊지 말아야 할 것입니다.

한편으론 이것도 생각해봐야 합니다. '직장에 다니는 이유가 그저 월급 때문일까?' 쥐꼬리만 한 월급에서부터 코끼리 꼬리만 한 월급까지 어쨌든 꼬리는 꼬리라는 걸 깨닫는 순간 회사를 그만두고 나가야 하는지에 대한 갈등이 생길 수 있습니다. 그렇다고 딱히 다른 대안이 있는 것도 아니기 때문에 매일 가슴속에 사직서를 품지만 직장을 떠나지는 못합니다. 내 월급이 아무리 상위 클래스에 속한다고 할지라도 이른 나이 때부터 투자 세계에서 성공을 거두었거나 태어났을 때부터 경제적으로 넉넉한 부모를 만난 신입사원보다 내 재산이 적은 걸 알았을 때 내 삶이 초라하게 느껴질 수도 있겠다는 생각이 듭니다. 사실 이러한 경제적 역전은 대한민국 시장에서 매 순간 발생하고 있습니다.

자산의 비교 척도가 같은 회사에 다니는 동료들뿐이겠습니까? 저 또한 삶의 가치, 재산의 수준 등을 같은 회사에 다니는 동료들과 늘 비교했습니다. 나 정도면 괜찮은 직장과 연봉을 받고 있고 재산 수준도 나쁘지 않다고 생각했습니다. 하지만 이 집단을 벗어나는 순간 제 삶의 가치 평가에 많은 거품이 있었다는 것을 알게 되었습니다. 평소 국산 중형차량을 몰고 출퇴근하다가 휴가철 고급 호텔의 주차장에 들어선 순간 제가 생각했던 저의 사회적 지위는 허리에서 무릎으로 내려갔습니다. 제 삶도 시장으로부터 제대로 된 평가를 받아야 했습니다. 늘 속해 있는 집단 안의 사람들과 비교해 온 탓에 그저 현실에 안주했고 스스로 생각하는 '나'라는 사람의 가치에 대한 인식을 왜곡하며 살아왔던 것입니다.

결국 익숙함에 안주해 더 이상 성장하지 않으려는 멈춰진 생각과 세상을 보는 나의 시야가 쓰레기였다는 것을 깨달았습니다. 회사의 월급은 순수한 노동의 반대급부로 내게 주어진, 단순히 금전적 가치 외에도 일의 보람이나 인맥 형성 등 여러 의미가 있었습니다. 하지만 보통 사람들은 자신들이 부자가 되지 못하는 이유에 대해 오로지 이 월급 탓만 합니다. 알게 모르게 이 월급들은 충분히 부자의 길로 인도해줄 마중물이 되어 주고 있는데, 사실 준비가 되지 않았던 것은 바로 나 자신이었던 것이죠.

월급의 정기적이고 고정된 확정성이 개인의 레버리지를 일으키는 주요한 수단이 될 수 있습니다. 그러나 로버트 기요사키는 『부자 아빠, 가난한 아빠』에서 다음과 같이 이야기합니다.

"진정으로 돈을 벌려거든 월급을 받지 말아야 한다."

황당한 말일 수도 있지만, 저는 여기에 100% 공감합니다. 그가 책에서 말한 '부자 아빠'가 이러한 이야기를 했던 이유는 월급을 받는 순간, 뇌는 멈추고 더 이상 성장을 멈추기 때문이라고 했습니다. 그리고 진짜 고용인처럼 일하게 된다고 했죠. 창의적인 아이디어를 내기보다 오직 무임승차자(Free Rider)가 되기를 바라는 겁니다. 월급의 고정성은 결국 이러한 부작용을 낳게 합니다. 그러므로 더 많은 수익을 얻고 직장을 그만두기 위해서는 자신만의 현금을 창출할 수 있는 포트폴리오를 가져야 합니다. 직장을 나오기 전에는 월급도 하나의 포트폴리오로 구축해야 합니다.

제게도 월급은 하나의 포트폴리오였습니다. 현금을 버는 것을 결국 사람이라는 것을 알게 되고, 이 많은 사람을 만나는 것에 집중하기 시작했습니다. 직장, 월급이라는 프레임에서 탈출하기 위해서는, 내게 충분히 돈을 지불할 용의가 있는 많은 사람을 만날 수 있는 포트폴리오를 짜야 합니다.

저는 큰돈을 들여 사업을 할 여력도 없고, 있다손 치더라도 '사업은 리스크가 크다'는 것을 알고 있으므로, 자본 투자가 거의 없는 지식서비스 제공으로 돈을 버는 것이 좋겠다고 생각했습니다. 하지만 제공할 지식도 없었고, 어떻게 시장에 접근할 수 있는지에 대한 정보는 물론이거니와 관련 네트워크도 없다보니 초기에 방향성을 잡는 게 매우 어려웠습니다. 그런 답답한 마음에 무작정 자격 공부나 해야겠다고 마음먹은 것이 바로 경영지도사 시험이었습니다. 제가 살아온 기업 인생을 가장 잘 활용할 수 있는 자격이었고, 제 정체성을 찾는 데 큰 의미를 가져다줄 거라고 믿었기 때문입니다. 이 시험은 꽤 어려운 편이어서 회사를 다니면서 준비하기에는 큰 무리가 따랐습니다. 하지만 인생의 터닝 포인트는 진흙탕처럼 찾아온다는 말처럼, 하필이면 회사 일로 미치도록 힘든 시기에 이 시험에 합격했습니다.

열심히 공부해서 좋은 자격증을 따라는 말은 아닙니다. 물론 자격증이 있는 것은 좋은 일이며, 좋은 자격증을 취득할수록 더 나은 삶을 살 확률도 높아집니다. 하지만 제가 현장에서 느꼈던 것은 자격증 없이도 해 볼 만한 것들이 많았다는 겁니다. 즉 관련된 전문성과 충분한 정보만 있다면 누구나 할 수 있는 도전거리가 많습니다. 그중 하나가 공공기관에서 하는 평가, 멘토링 같은 것이었습니다. 이 평가단에 소속되기 위해서 주로 보는 것이 그 사람의 경력, 학력, 자격사항, 저술한 책, 실적(경험), 관련 사업운영 정도입니다.

보통 직장인은 이 여섯 가지 중 대략 두 가지 정도는 기본으로 가지고 있습니다. 직장을 다녔으니 관련 경력과 대학교 졸업장 하나는 가지고 있을 테니까요. 그러나 보통 직장인들이 이 두 가지 이상을 넘지 못하는 가장 근본적인 이유는 정작 자신이 좋아하는 분야, 해보고 싶은 분야에 대해 시장을 상대로 어떤 구체적 행동 실행이 없기 때문입니다. 때로 시장은 희소한 경험을 필요로 합니다. 폐업정리를 해봤다거나, 아마존에 셀러로 등록해서 물건을 팔아 봤다거나, 페이스북 타깃 마케팅을 해봤다거나, 유튜브 채널 운영을 통해 구독자를 천 명 이상 모아봤다거나 하는 것 등등 말입니다. 즉 시장은 단순히 "해봤어?"라는 것을 물어보며, 그러한 실적이 있는 사람을 더 찾고 있다는 느낌이 듭니다.

시장과 밀접하게 행동하고 알아가려 노력할수록 누구나 이러한 기회를 갖고 하나의 수입 포트폴리오로 만들 수 있습니다. 이곳에서의 시간당 수당은 최소 10만 원에서 많게는 20만 원까지 받을 수 있었습니다. 직장인이 하루종일 일해서 버는 돈을 한두 시간 안에 벌어보는 경험을 해보는 것이 중요합니다. 이런 경험들이 조금씩 모이게 되면 이와 관련되어 파생되는 또다른 선순환이 생기게 됩니다. 저도 평가, 멘토링 실적이 쌓이면서 민간 및 공공기관들로부터 강의 제의가 늘어나기 시작했습니다. 때론 하루 동안 번 강의료가 회사의 일주일 치 급여를 넘기기도 했습니다. 그렇게 현금을 부르는 수입 포트폴리오의 물꼬가 여러 갈래로 터지게 되었던 것입니다.

02.
직장생활만으로는
부자가 될 수 없다

월급으로 돈을 벌 수는 있어도 모으기는 대단히 힘든 세상인 것 같습니다. 이유는 여러 가지가 있겠으나, 현대의 자본주의 시스템을 정확하게 이해하지 못하는 무지함 때문인 경우가 많습니다. 자본주의 사회는 대부분 신용으로 돌아갑니다. 은행이 100원의 화폐를 찍어내면 시중에는 25배가 넘는 2,500원의 돈이 돌아다닙니다. (한국은행 M2 광의통화량 기준) 예를 들어, 100원을 A은행에 저축하면 A은행은 이 돈의 지급준비율만 남겨두고 나머지는 B은행에 대출해줍니다. 이러한 방식으로 C, D, E은행으로 대출이라는 것이 계속적으로 일어나고, 실제 돈보다 엄청난 새로운 돈들이 연쇄적으로 만들어지는 것이죠. 이처럼 시장은 신용에 대한 약속으로 눈에 보이지 않는 이론상의 돈들이 계속 만들어질 수밖에 없습니다.

다시 회사로 돌아가서, 직장인이 받는 돈을 월급이라고 하지만, 시장의 관점에서는 기업이 생산 활동을 통해 새롭게 탄생시킨 돈입니다. 다시 위의 예를 응용해서 이야기해보면, 한 직장인의 월급이 100원이라고 할 때, 실제 시장에는 2,500원의 돈이 돌아다닙니다. 시장이란 곳은 직장인이 받는 돈보다 훨씬 규모가 큰 2,400원을 벌 수 있는 곳이고, 이것이 직장생활만 하면 부자가 될 수 없는 가장 근본적인 원인입니다. 하물며 100원의 세계에서 하루하루를 버티는 것도 쉬운 일이 아니지요. 다음은 어느 직장인의 이야기입니다.

30대 초반 직장인 A씨는 월급 300만 원을 벌었다. 받아야 될 월급은 이미 기업이 원천징수하여 해당 세액이 공제되어 있다. 4대 보험(고용보험, 산재보험, 국민연금, 건강보험)은 국가가 국민들의 소득과 분배의 원칙에 입각해서 작동시키는 사회 공조시스템이다. 하지만 열심히 일만 하고 지극히 평범하게 살아갈수록 이러한 공조시스템의 혜택을 보기란 매우 어렵다. 이 시스템의 혜택은 살아갈 날이 얼마 남지 않은 인생의 끝자락에 약간의 보탬이 될 수준이니 참 허망하기 그지없겠다는 생각도 든다. 어쨌든 원천징수 30만 원을 제하고 급여라고 자신의 계좌에 실제로 찍힌 돈은 270만 원이다.

사람들은 보험 가입이 필수라고 생각한다. 옆집 철수 엄마도 얼마 전 암에 걸렸는데 보험이 아니었으면 정말 큰일 났을 거라고 했다. 만약의 사태에 대비해서 보험을 들어두는 것이 필수라고 생각해왔던 것이 우리의 통상적인 사회 관념이었다. 개인도 이 집단사고 속에서 합리적 의사결정을 내리지 못하는 불안한 존재임은 틀림없는 듯하다. 그래서 생명보험, 암보험, 자동차보험 등 가입한 상품 종류도 백인백색이다. 3인 가구 기준으로 보통 50만 원 정도 나가는 듯하다.

이제 220만 원이 남았는데, 50만 원 정도는 부동산 담보 대출 원리금과 이자상환을 해야 한다. 이는 다시 은행으로 들어가게 되는 돈이다. 이제 남은 월급은 170만 원이다. A씨는 대출을 실행할 때 대출 이자를 줄이기 위해 은행 직원이 추천한 예금도 하나 가입했고, 신용카드도 만들어 매달 일정 금액 이상을 사용하고 있다. 100만 원은 지난달 카드 값이고, 나머지 70만 원으로 생활해야 하는데 개인의 삶을 충족시키며 행복하게 살 수 있을까? 그래서 단돈 몇만 원도 남에게 베풀기 힘든 세상이다.

A씨 월급의 약 80%는 정부, 은행과 같은 금융기관으로 재흡수되는 흐름을 보셨을 겁니다. 월급이 순삭되는 과정이 매월 반복되는데도 직장인들은 보험을 비용이 아닌 저축으로 생각하며, 국민연금이 노후대비라 착각하고, 담보대출을 부동산 투자라고 합리화시킵니다. 은행은 직장인들의 월급을 신용 삼아 대출도 해주고 보험 상품도 판매합니다. 보험회사는 변액보험을 만들어 주식이나 채권 등에 투자하고 금융투자기관도 국내는 물론 해외 부동산에 투자합니다.

다시 처음 했던 비유를 예로 들어, 순수하게 노동으로 벌어들인 100원을 제외한 나머지는 인간의 추상에 의해 형성된 숫자일 뿐입니다. 그리고 자본을 획득하기 위한 두뇌 싸움은 보이지 않는 곳에서 항상 벌어지고 있지요. 그런데 이 100원은 금융 자본주의에 있어서 너무나도 중요한 돈임은 분명합니다. 100원이라는 돈이 사라지면 이를 신용으로 창조된 나머지 2,400원도 도미노처럼 연쇄하여 신용 파괴가 일어날 수 있습니다. 회사를 통해 만들어지는 월급이라는 가치는 경제의 근간이 되는 중요한 요소로 정부와 은행이 실업률 지표를 매번 주의 깊게 들여다보는 이유가 되는 겁니다.

이처럼 직장인의 월급은 국가 경제의 기초가 됩니다. 하지만 아이러니하게도, 직장인이 이 시스템 속에서 부자가 되기는 매우 어렵습니다. 그렇다면 답은 이미 나와 있습니다. 2,400원이 돌아다니는 세계에 관심을 가지고, 그 자본을 획득하기 위한 게임에 참여하는 것입니다. 힘든 노동 없이 많은 돈을 벌어 외제차를 타고 다니는 유튜버나 SNS 인플루언서, 혹은 젊은 부동산 투자 성공가들을 바라보는 불편한 감정도 이제는 누그러뜨려야 되지 않을까 합니다.

03.
버티는 삶
VS.
즐기는 삶

많은 직장인이 월요병을 앓고 살아갑니다. 출근할 때 회사 동료들을 주차장에서 마주치면 대부분 어두운 얼굴을 하고 있습니다. 마치 하루하루를 버티면서 살아가는 것처럼 보입니다. 하루하루를 즐기지 못하는 삶이 너무 슬픈 것 같습니다. 월요일은 일주일을 시작하는 날인데 시작이라는 단어가 행복하지 않다면, 일어나서 회사에 가야 한다는 의무가 압박감으로 다가온다면, 과연 잘살고 있는 것일까요?

직장인이 가장 우울한 이유는 시간적 자유가 없는 삶 때문인 듯합니다. 자본주의에서 시간적 자유는 돈으로부터 옵니다.

돈이 많다고 꼭 행복하진 않지만 돈이 없으면 행복하기 힘든 세상인 건 맞는 것 같습니다. 누구나 편하고 쾌적하게 살고 싶지만 모두가 이런 생활을 누리진 못하니까요. 우리는 모두 자본주의 사회에 살면서 행복을 꿈꿉니다. 행복을 위해서는 시간적 자유가 있어야 하고 이를 위해서는 돈이 필요한 게 현실입니다.

한 가지 재미있는 점은 미국의 부자들은 대부분 자수성가형이 많은 반면 우리나라는 재벌 2세나 3세인 경우가 많습니다. 그러한 차이가 지금의 미국을 만든 하나의 원동력이란 생각이 듭니다. 어쨌든 현실적으로 볼 때, 직장인인 우리는 이들처럼 사업을 크게 성공시킬 확률은 매우 낮습니다. 그렇지만 성장하는 좋은 기업에 투자하여 기업의 성과를 나의 부와 연결시킬 수는 있습니다.

저는 투자할 기업을 선정할 때, 반드시 국내에 한정 짓지 않습니다. 국가/산업/기업 순으로 정하여 투자에 대한 의사결정을 했습니다. 현실적으로 국내를 제외하고 투자할 수 있는 국가가 미국, 유럽, 중국 등이 있는데 안정적으로 장기투자를 하기에 가장 적합한 국가는 미국이라는 생각을 했습니다. 산업적으로는 4차 산업혁명에 잘 대비하고 성장할 수 있는 산업을 고르려 했고, 그러기 위해서는 '연결'의 시대에 경쟁력을 가질 수 있어야 한다고 판단했습니다.

기업을 선택할 때는 반드시 잘 아는 기업이어야 하고 내가 이해할 수 있는 비즈니스여야 합니다. 그래서 제가 2016년부터 지금까지 투자하고 있는 기업이 우리 모두가 알고 있는 '애플(Apple Inc.)'입니다. 혹자는 '누구나 알고 있는 기업에 투자해서 수익이 얼마나 나겠냐?'라고 의문을 가지지만, 주가가 오르는 시기에도 적립식으로 꾸준히 투자해 온 결과, 지금은 수익률 200% 정도로 연간 복리수익률(CAGR)로 환산했을 때 25% 정도(배당 제외)가 나옵니다. 복리로 25%의 수익률은 얼마나 높은 것일까요? 1억을 투자했을 때, 10년 뒤 9.3억, 20년 뒤 86.7억이 됩니다. 연평균 25% 수익률을 달성하는 것은 거의 불가능에 가까울 정도로 어려운 일임에 틀림없지만 열심히 노력한다면 15~20% 정도는 달성할 수 있다고 생각합니다. 이것이 제가 자본주의 사회에서 금융투자 공부를 게을리하지 않는 이유이기도 합니다.

4차 산업혁명 시대에는 주요 플랫폼 소유주가 많은 부를 차지할 거라는 예측입니다. 2020년 8월 기준으로 미국의 시가총액 1위 애플은 기업가치가 2조 달러를 넘어섰고, 이는 대한민국 코스피 전체 시가총액보다 큰 금액입니다. 우리나라 경제 규모가 10위권임을 감안하면 실로 놀라지 않을 수 없습니다. 더 무서운 점은 많은 전문가 집단에서 이런 부의 쏠림 현상은

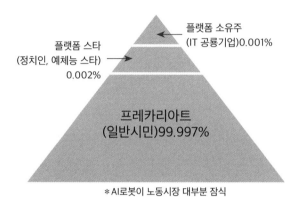

플랫폼 소유주
(IT 공룡기업)0.001%

플랫폼 스타
(정치인, 예체능 스타)
0.002%

프레카리아트
(일반시민)99.997%

＊AI로봇이 노동시장 대부분 잠식

서울대 공대 연구팀이 예측한 2090년 사회 계급도

국가별, 기업별, 계층별로 가속화될 것이라는 점입니다. 많은 사람이 아직도 주식투자가 위험하다고 하지만 이러한 기업에 투자하지 않는 행동이 훨씬 더 위험하다고 생각합니다.

미국 가치투자의 아버지라 불리는 벤저민 그레이엄은 위험을 'Loss'로 정의했고, 1990년 노벨 경제학상 수상자인 해리 마코위츠는 위험을 '변동성'이라 정의했습니다. 시대가 흘러 세계 최고 투자자라 불리는 워런 버핏은 위험을 '무지한 너 자신'이라고 말합니다. 지금은 특히 주식에 투자하기 너무나 좋은 환경이 만들어졌습니다. 스마트폰 하나면 장소에 구애받지 않고 누구나 시작할 수 있으니까요. 우리나라 직장인들도 이러한 재테크의 열차에 함께 탑승해서 자신의 부를 지킬 수 있으면 하는 바람입니다.

04.
인간은 돈을 잃게
설계돼 있다

소비시장에서 돈은 인간의 기본적 필요에 의해 또는 진정한 욕구에 의해 움직인다는 걸 알 수 있습니다. 마케팅 소비 심리학에서 프로이트의 이론을 가르치는 이유이기도 합니다. 즉 인간은 자신의 욕구 중 일부만을 알고 있고, 자신조차도 그 욕구 전체를 정확하게 파악하지 못하며 삽니다. 그리고 기업 마케팅 전략은 소비자들이 생각지도 못했던 욕구를 계속적으로 찾아 발전시켜왔습니다. 기업이 의도한 인간의 욕구가 개인에게 충족되어 보편화되면 그 기업은 돈을 벌어들이는 것입니다. 시장은 개인의 심리를 활용하여 돈을 벌기 위해 우리가 태어나기 전부터 이미 설계된 것입니다. 여기엔 '모든 소비자가 100% 합리적 의사결정을 하지 못한다'는 가설이 전제되어 있습니다. 그래서 우리는 스트레스 해소를 위한 충동구매나 개성을 표현하기 위해서 보편화된 행동양식 속에서 구매를 결정하게 됩니다.

우리나라 등산문화를 보면, 동네 뒷산에 가더라도 마치 에베레스트에 오를 것 같은 장비와 복장을 차려입습니다. 어떤 취미 생활을 시작하든 장비부터 먼저 구매하고 보는 거죠. 빼빼로 데이에는 빼빼로를 선물하고, 빚을 내더라도 BMW, 벤츠 등을 사려 하고, 명품가방이 아니면 들고 다니기조차 어색한 사회가 되었습니다.

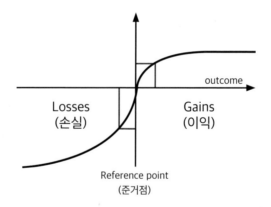

투자시장에서는 과연 어떨까요? 카네만과 티버스키의 손실 회피성(손실 민감도) 이론을 예로 들어보겠습니다. 이 이론은 '인간은 이익보다 손실에 훨씬 민감하게 반응한다'는 이론입니다. 그래프에서 보듯 이익이 나는 영역에는 둔감하지만 손실을 볼 때는 민감도의 기울기가 가파르게 나타납니다.

이 이론을 뒷받침하는 것이 우리 인간관계에도 있습니다. 예를 들어 내가 누구에게 베풀어 준 것은 잘 기억해도 남이 나에게 베풀어 준 것은 잘 기억하지 못합니다. 인간은 손실을 더 민감하게 받아들이기 때문에 남들과의 관계 속에서 공평하게 생각하지 못하는 경우가 많습니다. 주식시장이건, 금융상품이건 인간의 이러한 심리를 이용하는 것 같습니다.

예를 들어, 증권사는 주식 판매 수수료를 챙기기 위해 불안한 심리를 자극하는 뉴스를 의도적으로 언론을 통해 퍼뜨리곤 합니다. 뉴스에 팔라는 이야기도 여기서 나온 말입니다. 이처럼 자본주의 시장은 이미 개인의 부를 축적하지 못하게 설계되어 있고, 그 설계의 중심에는 인간의 심리가 자리하고 있습니다.

그렇다면 이 자본주의 시장에서 개인에게 필요한 설계는 무엇일까요? 15년간 자동차 제조업 회사에서 일해왔기 때문에 차를 제조하는 과정에 빗대어 설명해보겠습니다.

신차 개발을 위해 가장 선행되는 과정이 바로 설계입니다.

만들 차량의 각종 부품을 설계하여 시제품을 만들어 조립하고 시험실에서 각종 검증 작업을 거칩니다. 이를 우리는 검증(Verification)이라 합니다. 검증 작업이 완료되면 실제 운행을 통하여 최종 유효성 확인 작업을 하게 됩니다. 문제없이 정해진 거리 운행에 성공하게 되면 비로소 신차 양산에 들어가는 것입니다.

우리가 인생을 살아가는 것도 이와 유사할 수 있습니다. 생각하지 않으면 사는 대로 생각하게 된다는 말처럼 우리는 생각을 하고 인생을 우선 설계해야 합니다. 어떻게 살 것인지 방향성을 정해서 삶을 설계하고 검증, 교정 작업을 거쳐야 좀 더 나은 삶으로 한 발짝 다가설 수 있게 됩니다.

투자도 마찬가집니다. 아무런 생각과 방향성 없이 좋은 성과는 있을 수 없습니다. 투자할 수 있는 자산 군을 펼쳐놓고 지금은 어느 국가의 어느 자산 군에 투자하는 것이 좋은지를 분석하고 이런 과정에서 얻게 되는 경험과 노하우를 쌓아나가야 합니다.

05.
직장에
다녀야 하는 이유

지금까지 했던 이야기들이 '고정적 수입의 원천을 만들어야 하는' 직장인들에게 마치 동화처럼 들릴 수도 있을 것 같습니다. 투자에 대한 이야기는 이미 직장생활을 오래 했거나 부모로부터 물려받은 재산이 어느 정도 있는 사람들이 관심 가질 만한 주제입니다. 그 정도면 이미 어느 정도의 투자금액을 가지고 있을 것이기 때문이죠. 그러나 취업을 준비 중인 사람이더라도 먼저 이 고정적 수입의 원천을 제공해 줄 기업과 빨리 인연을 맺기를 바랍니다. 처음부터 사업을 할 생각이 아니라면 직장인으로 출발할 수밖에 없기 때문입니다. 그럼에도 불구하고 우리가 직장에 다녀야 하는 이유가 있다면 다음과 같은 사실 때문일 겁니다.

첫째, 고정적 수입의 원천을 만들 수 있습니다. 월급이라는 것은 근로에 대한 대가로 근로자에게 고정적이고 안정적으로 수입을 제공해 주며, 이를 통해 자금계획을 세우는 데 유리합니다. 그렇게 되면 돈에 대한 심리적 불안감도 줄어듭니다.

둘째, 회사의 복리후생제도가 개인에게 일어날 수 있는 여러 가지 급격한 불행을 감면시켜주기 때문입니다. 의료비 지원, 자녀 학자금, 경조사 지원과 같이 우연하고 돌발적인 금전적 부담을 완화해 주죠.

셋째, 전세 자금 대출, 주택 구입 자금 대출 등을 지원받을 수 있습니다. 근로소득이 있으면 은행권은 개인 신용분석을 통해 대출을 해주고, 이러한 자금이 좋은 투자로 연결될 수 있습니다. 특히 투자에 대한 갈망이 있다면 이러한 레버리지를 통해 수익을 얻을 수 있는 기간을 단축할 수 있습니다. 장기 투자가 가능하다면 이러한 지렛대 효과를 볼 수 있도록 투입자본을 구성하는 것이 좋습니다. 보통 투자 전문가들은 여유 자금으로 투자하라고 권고하지만 그럴 경우 매월 소액 투자 정도밖에 안 될 것입니다. 자신이 하는 투자를 시시하게 만들지 않고, 가능한 레버리지가 있다면 감당할 수 있는 범위 내에서 그것을 활용하는 것도 괜찮은 방법입니다.

넷째, 회사의 내·외적 인맥을 통해 많은 사람과 관계를 맺을 수 있습니다. 사람도 투자 대상으로 볼 때 이는 매우 의미 있는 일입니다. 워런 버핏은 인격이 훌륭한 사람에게 투자해야 한다고 했을 만큼 사람에 대한 투자도 매우 중요함을 언급한 바 있습니다. 참고로 저는 저에게 사소한 투자도 아까워하거나 적극적이지 않은 사람을 멀리하는 편입니다.

다섯째, 직장을 다니면 많은 정보를 얻을 수 있습니다. 이러한 정보는 인맥을 통해 형성되기도 하고, 전혀 다른 집단으로부터 파급력이 큰 정보를 수집할 수도 있습니다.

여섯째, 회사를 다니면 그 회사에 대해 배울 수 있습니다. 기업과 관련된 경영, 인사, 생산, 재무, 영업, 조직관리 등을 두루 경험해봄으로써 기업 가치 척도의 기준을 더욱더 심도 있게 이해할 수 있습니다. 이는 경영학과에서 배우는 이론과는 비교조차 하기 힘들 정도의 살아있는 정보입니다.

일곱째, 인간은 일을 해야만 하는 본성이 있다고 합니다. 그 본성을 충족시킬 수 있는 곳이 바로 직장 아닐까요?

여덟째, 한 해 한 해 쌓이는 경력으로 나에 대한 시장 가치를 올릴 수 있습니다. 회사는 개인의 경력 연수에 따라 연봉을 책정합니다. 그러므로 경력이라는 시간에 투자하는 것은 자신의 미래 자산에 큰 밑거름이 됩니다.

아홉째, 임원이 되는 것은 바늘구멍 통과하기만큼 어렵지만, 열심히 해서 임원이 된다면 여러 가지 많은 부가 혜택을 누릴 수 있습니다. 급여 인상은 물론 회사로부터 주택과 차량에 대한 지원도 받을 수 있습니다. 혹자는 "직장생활하면서 임원 되는 사람이 얼마나 적은데 이런 현실성 떨어지는 소릴 할까?" 싶을 수 있는데, 저는 그 의아함에 이렇게 대답하고 싶습니다. "당신이 자본주의를 완벽하게 깨닫는 순간, 임원이 되는 것은 시간문제!"라고요.

직장은 이처럼 여러 가지 리스크를 줄여 줍니다. 줄어든 리스크에서 성장을 꾀할 수 있는 시간을 가질 수 있는 것이죠. 기업도 개인의 노동을 이용해서 부를 일궈가지만, 직장인 개인도 기업이라는 인큐베이터 속에서 충분한 성장을 도모할 수 있는 시간을 가질 수 있습니다. 이 인큐베이터가 직장인에게 제공하기로 약속한 월급이라는 것이 있기 때문이죠.

직장인들은 월급의 특성을 먼저 이해해야 합니다. 월급이란, 과연 어떤 특성을 지니고 있을까요? 이 특성은 과거 통상임금이라는 것으로 이해할 수 있습니다.

2012년 제가 다니던 직장의 노동조합(노측)과 사측은 통상임금이라는 큰 목돈을 놓고 대립하기 시작했습니다. 회사에서 지급하는 상여금 등이 통상임금 산정에 빠져있으므로, 노측은 통상임금으로 산정되는 연장, 야간, 휴일근로와 연차 유급휴가 수당 등에 대해 재정산해달라는 요구였던 거죠. 이때 통상임금으로 판례에서 기준으로 삼았던 것이 바로 임금의 고정성, 정기성, 일률성이었습니다. 월급이란 이처럼 고정적이고, 정기적이며, 일률적인 특징이 있다고 볼 수 있습니다. 이러한 성격을 볼 때, 월급의 고정성과 정기성은 레버리지를 일으키기 좋은 수단입니다. 대부분의 기업도 자본 대비 차입비율을 100% 이상 일으키며 이익을 극대화하려 합니다. 개인의 월급은 이처럼 레버리지의 근간이 됩니다. 하지만 현실 세계의 직장인 개인들은 자신의 월급으로 레버리지를 올바로 활용하지 않는 듯합니다.

사실 이 월급의 레버리지를 가장 잘 활용하고 있는 곳이 바로 '은행'이죠. 안전하게 돈을 벌어다 줄 것이라고 믿는 적금, 보험과 같은 금융상품에 직장인이 꼬박꼬박 불입하는 이 돈을 가지고, 이 상품을 파는 기업들(은행)은 여러 방면으로 레버리지를 활용하고 있습니다. 공공의 역할을 한다고 생각하는 시중은행들도 영리를 목적으로 하는 일반 기업에 불과한 셈이죠. 개인들도 이러한 월급이 지닌 장점을 잘 활용하면 부동산 GAP 투자, 주식, 펀드 등 투자로 돈을 벌 수 있는 기회들을 얼마든지 만들 수 있습니다.

06.
나는 어떻게
투자자가 되었나

저는 누구보다 평범한 삶을 살아왔습니다. 지방에서 태어나 1차 대학 진학 실패 후 재수, 이후에 지방대 입학, 대기업/공기업/금융기관 취업 실패 후 중소기업에 입사, 이후 중견기업으로 이직했습니다. 제 주변을 살펴보면, 소위 말하는 명문대보다 지방대 졸업생이 대다수이며 대기업/공기업 직장인보다 중소기업이나 중견기업 종사자들이 훨씬 많습니다. 그런 측면에서 저는 누구보다 평범한 삶을 살아왔다고 볼 수 있죠.

2015년부터 월세를 전전하며 전 재산을 투자한 금융투자 수익이 2020년에 투자했던 금액의 3배를 넘겼습니다. 이유는 금융, 투자, 증권 등과 친해지려 노력했고 끊임없이 고민하고 실행했기 때문입니다. 단 한 번도 저는 부자가 될 수 없다고 생각한 적이 없었고 부자가 되기 위한 방법에 집중했습니다. 하나의 에피소드로 많은 사람이 투자의 귀재라 칭하는 워런 버핏을 보기 위해 미국 네바다주 오마하에 버핏이 운영하는 버크셔 해서웨이 주주총회에 참석한 적이 있습니다. 평생 버핏 한번 보는 것이 제 인생에 작은 소망이었습니다. 그리고 2018년에 드디어 저는 그를 만나게 되었죠.

많은 사람이 부자가 되기 위해 부업, 로또, 사업 등을 합니다. 'N잡러, 부캐'라는 신종 용어가 등장할 정도로 요즘은 부업하기 참 좋은 세상이고, 실제로 부업을 하는 직장인도 많이 늘어났습니다. 스마트폰이 생활필수품으로 자리하며 플랫폼 업체들의 발전으로 스마트 스토어 운영, 퇴근 후 남는 시간을 활용하여 배송하는 등 기회가 많습니다. 저도 돈을 벌기 위해 회사를 다니면서 부업으로 작은 펍(Pub)을 운영한 경험이 있습니다. 많은 시간을 투자했지만, 저에게 돌아오는 수익을 견주어 봤을 때, 기회비용이 더 크다는 것을 나중에야 깨달았습니다.

20대 후반에서 30대까지는 돈 자체를 버는 것도 중요하지만, 지식을 쌓고 실전 투자를 통한 여러 경험을 하는 것이 훨씬 중요하다고 생각합니다. 그래서 지금은 부업에 관심을 가지지 않고 현재 가지고 있는 종잣돈을 효율적으로 활용해 복리효과를 누리는 투자 경험을 쌓아가고 있습니다. 지금은 연 투자수익률 1%p 올리는 것이 훨씬 중요한 숙제입니다. 10%와 11%는 별것 아닌 수익률일 수 있지만, 금액이 커지면 절대 적은 금액이 아니거든요.

사업을 한다는 것은 상당히 좋은 수단입니다. 대박이 날 수도 있고 평생 은퇴 없이 일하면서 현금흐름을 창출할 수 있습니다. 하지만 평범한 직장인이 사업 아이디어를 생각해 내고 실행에 옮기기란 생각만큼 쉽지 않습니다. 모든 것을 걸고 사업에 올인하기에는 두려움이 앞서기 때문입니다.

직간접적으로 우리는 회사라는 집단과 상호작용하면서 살아갑니다. 은행은 기업에 대출을 해주는 채권자로서, 우리 대부분은 근로자로서, 주주는 회사의 주인으로서, 정부는 국가로서의 역할을 합니다. 이에 대한 대가로 채권자는 이자, 주주는 배당/시세차익, 근로자는 월급 그리고 정부는 세금을 받습니다.

국가의 경제 상황을 나타내는 대표 지표가 GDP인데, 우리나라 GDP를 보면 30년 전과 비교했을 때, 부가 개인에서 기업으로 넘어온 것을 볼 수 있습니다. 채권자는 정해진 이자를 받고 정부는 정해진 세율 내에서 세금을 징수합니다. 그럼 기업의 부는 누가 다 가져간 것일까요? 바로 주주입니다. 기업실적이 좋아지면 근로자가 받는 혜택은 어떠한가요? 일부 상여금으로 성과급을 받을 수 있겠지만 대기업을 제외하고는 의미 있는 금액을 받지 못하는 것이 현실입니다. 그렇다면 우리의 자산을 어디에 분배하고 있어야 하는지가 명확해집니다.

부의 재편은 기업에서 다시 개인으로 이동할 수 있을까요? 현실적으로 보았을 때 대부분의 근로자는 대체 가능합니다. 그렇기 때문에 회사 입장에서는 정해진 연봉 이외에 더 많은 금액을 지급할 필요가 없는 것이죠. 근로자는 월급이 오르지 않는 것을 당연히 받아들이며, 자신의 소득과 자산을 기업의 성장에 맡길 수 있어야 합니다. 기업이라는 존재를 개인이 노동을 제공하는 주체로 생각하는 것에서 벗어나, 함께 성장하고 부를 분배할 수 있는 대상으로 생각해야 합니다.

기업 자본주의를 논하기에 앞서, 제가 왜 기업분석과 투자에 관심을 가지게 되었는지 조금 더 구체적으로 이야기해보겠습니다. 저는 경영지도사 자격을 취득 후 여러 공공기관에 지식팔이를 하며 수입을 올리는 것이 가능했고 이것은 생소하면서도 보람된 일이었습니다. 생전 해보지 못했던 강의, 평가, 기관 심사, 학회 발표 등을 경험하며 저 스스로 전문성이 쌓여간다고 생각했습니다.

기업에서 연구, 물류, 원가회계, 마케팅, 생산, 영업, 기획 업무 등 다양한 경험이 있던 터라 어느 기업이든 컨설팅을 하는 것은 자신 있었습니다. 그러면서 다른 공부들도 병행했습니다. 노무사 공부도 1년 넘게 하며 인사, 조직, 행정, 노동법 영역까지도 전문성을 길렀고, 이 정도면 기업 경영을 주무를 수 있겠다 싶었지만, 이러한 지식과 능력만으로 부의 완성을 이루기까지는 한참의 시간이 더 걸린다는 것을 알게 되었습니다.

주식투자를 통해 어떤 기업의 가치를 평가하는 것은 제가 전문위원으로 또는 평가위원으로 어떤 기업 상태를 진단하고 평가하는 것과 사뭇 다르다는 것을 깨달았습니다. 이는 실제로 저의 자산이 기업에 투입되고, 기업의 실적에 따라 곧바로 저의 손익이 결정되기 때문에 더욱더 올바른 평가와 판단이 필요했습니다. 즉 저는 전문위원이 아닌 주주로서의 경험 가치가 더욱 실효성 있고 의미 있다는 결론을 내렸습니다. 재무제표를 이론적으로만 이해하고, 두뇌와 심장이 없는 실무적 실력은 일종의 쓰레기였습니다. 주주가 되면 정말 많은 것을 이해하고 배우게 된다는 것을 알게 되었고, 우리가 흔히 어렵다고 느끼던 기업회계도 제게는 아주 의미 있고 흥미 있는 주제로 전환되었습니다. 또한 세계 경제, 정치, 역사와 문화에도 관심을 가지게 되었습니다. 이는 앞으로 저라는 사람의 명성을 쌓는 데 큰 영

향을 미칠 것이며, 인생의 선순환 고리를 만들 수 있는 지도를
그리는 데 큰 도움이 될 거라는 확신이 들었습니다.

TIP
직장인에게
주어진 창과 방패

싫든 좋든, 모든 직장인에게는 창과 방패가 주어져 있습니다. 무슨 소리냐고요? 우리는 의도하든 의도하지 않았든 자본주의라는 시스템(게임) 속에 있습니다. 그리고 우리 각자는 이 게임을 즐기는 한 명의 플레이어입니다. 게임이라는 단어 안에 우리는 '경쟁'이 있다는 사실을 압니다. 그러므로 이 경쟁에서 이겨내기 위해서는 공격과 수비를 잘해야 합니다. 그래서 보통 직장인들에게는 공격을 위한 창과 수비를 위한 방패가 있는 것입니다. 그리고 우리는 이 창과 방패를 다룰 수 있는 지식, 감정과 같은 것들을 가지고 있습니다. 이 창과 방패는 자신의 자본을 지키거나 쟁취하는 데 쓰일 것입니다. 자본은 사업소득, 근로소득, 금융소득 등의 이름으로 바뀝니다. 그러므로 우리는 먼저 자신만의 날카로운 창으로 근로소득과 사업소득을 올릴 준비를 해야 합니다.

1) 자신만의 멋진 직장생활을 꿈꾸어야 합니다.

2) 인간관계를 넓혀야 합니다. 귀인은 언제 어디서 나타날지 모릅니다.

3) 자산을 지킬 방패를 만들 준비를 해야 합니다. 그러므로 자기계발이 필요합니다.

4) 지식이 있다면 지식 마케팅을 통해 지혜를 팔아봅니다. 블로그, 브런치, 유튜브 뭐든 다 좋습니다.

5) 마케팅을 배워야 합니다. 결국 판매만이 돈을 버는 행위입니다.

6) 뭐든 도전해야 합니다. 아무것도 하지 않으면 아무 일도 일어나지 않습니다.

7) 세계에 대한 통찰을 가져야 합니다. 남들보다 더 멀리 더 높게 볼 수 있는 시야를 가져야 합니다.

8) 때론 거인의 어깨에 올라타야 합니다. 특정 분야의 전문가만 잘 알아도 누구보다 빠르게 접근할 수 있습니다.

이제는 자신이 만든 방패를 잘 활용해야 합니다. 금융소득을 올려 봅시다.

1) 주식, 부동산 등 노동 없이도 얻을 수 있는 소득을 통해 자산을 불리도록 해야 합니다.
2) 주식투자를 해봅니다. 국내와 해외의 괜찮은 기업을 골라 봅시다.
3) 부동산 투자에도 관심을 가져 봅시다. 경매, 공매도 등도 배워봅시다.
4) 경기, 물가, 금리를 제대로 이해해 봅시다.
5) 환율을 알아야 합니다. 회사에서 리딩과 래깅도 해봅니다. 손익분기점 환율도 고민해봅니다.

우리는 투자소득이 노동소득을 앞지르는 시대에 살고 있습니다. 그렇다고 섣불리 방패를 창으로 이용하려고만 하다간 큰 코다칠 수 있습니다. 방패는 내가 만든 창을 통해 더 빛나는 법입니다.

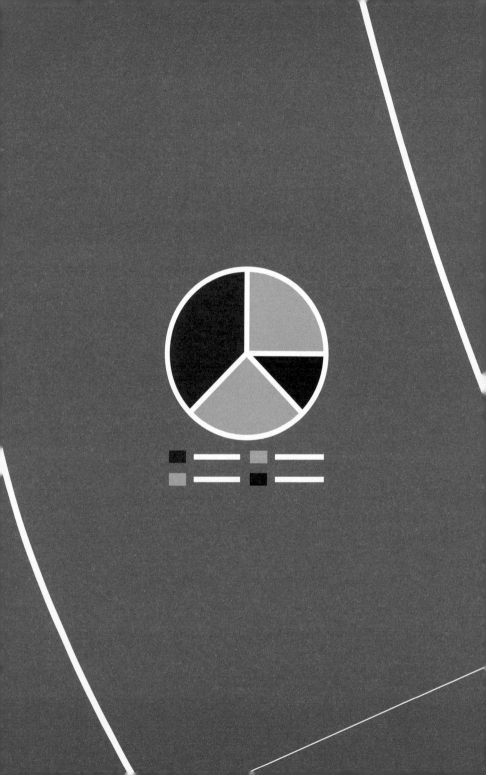

STEP 2.

세상을 바라보는 프레임 바꾸기

01. '자본주의'라는 게 대체 뭘까?

02. '전망'보다는 '대비와 대응'이 필요하다

TIP 심리적 지도의 중요성

03. 돈의 가치는 왜 변하는 것일까?

04. 기업이 변화하고 있다

05. 기업을 분석하는 방법

06. 익숙함을 넘어서는 용기

07. 마케팅과 자본주의

01.
'자본주의'라는 게
대체 뭘까?

　대부분의 사람이 자본주의를 안다고 이야기하지만, 이 단어에 대해서 많은 사유를 해보지는 않았을 겁니다. 그래서 '자본주의' 하면 '돈이 무엇보다 우선되는 사회' 정도로 생각합니다. 이렇듯 일반 개인이 자본주의에 대해 깊게 생각해보는 경우는 매우 드문 일입니다. 주식이나 정치처럼 자본주의도 사람들의 인지 속에서 의미는 대강 알아도 제대로 공부를 했거나 깊은 사고를 통해 탐구해본 적이 없기에 대부분 "잘 모른다"고 하는 것이 맞을 겁니다. 자본주의를 잘 이해하면 '동네에 인형 뽑기 기계가 왜 그곳에 있는지, 휴대폰을 판매하는 사람들이 왜 여기보다 싼 곳이 있으면 100% 환불해주겠다고 하는지' 등을 이해할 수 있습니다. 또한 자연스럽게 국내 정치, 세계 경제에 관심과 통찰도 가질 수 있기 때문에 내가 먹고사는 문제에 대해 스스로 의미를 부여할 수 있습니다.

세계 자본주의는 17세기 유럽 국가들의 중상주의와 상업전쟁으로 세워진 동인도회사, 18세기 영국의 산업혁명과 프랑스혁명, 근대 경제학의 효시라 여겨지는 애덤 스미스의 국부론(1776년), 프리드리히 엥겔스와 카를 마르크스의 공산당 선언(1848년), 20세기 과학적 관리론, 공장 분업화의 표상인 프레드릭 테일러의 테일러리즘 등 큰 줄기들을 돌아볼 때 약 300년 이상의 긴 역사가 있습니다. 자본주의란, 생산수단의 사유재산제에 바탕을 두고, 이것이 국가권력 등에 함부로 침해받지 않는 우선권적인 권리가 보장되어 생산을 통해 시장에서 이윤을 창출할 수 있는 경제체제를 말합니다.

자본주의라는 용어가 정확하게 언제, 어디서부터 왔는지 알 수 없으나 사회주의자들은 자본, 즉 돈에 의해 시장이 지배되는 것에 대한 경멸심이 있었고 멸칭적인 용어로 '자본주의'라 칭했다는 설도 있습니다. 자본주의는 다른 말로 '자유시장경제체제'라고 하기도 하나 보편적으로 '자본주의'라는 용어가 쓰이고 있습니다.

상업자본주의 시대는 초기 자본주의 시대로 단순히 상품의 유통을 통해 이윤을 창출했습니다. 초기 자본주의는 야경국가라고 불리며 국가 시장개입의 최소화라는 자유방임주의 형태였습니다. 하지만 1929년 미국의 대공황 발생으로 전 세계 경제는 도미노처럼 붕괴되기 시작했습니다. 이 시기를 극복하기 위해 미국의 32대 대통령 루스벨트의 뉴딜정책이 있었고, 케인스가 수정자본주의를 탄생시키며 국가의 시장 개입 필요성을 강조했습니다.

1939년 히틀러의 2차 세계대전 발발로 미국은 대공황의 수렁으로부터 빠져나오게 됩니다. 하지만 1970년도 중동전쟁 발발로 인한 오일쇼크로 스태그플레이션(물가 상승 + 경기 침체)이 발생하자 정부가 개입하여 통화량을 조절하기보다 시장 자유에 맡겨야 한다는 신자유주의자(통화주의자)들이 나타났고, 닉슨 행정부는 이들의 정책을 반영했습니다. 당시 물가 안정이 최우선 과제였고 그러기 위해서 기업은 원자재와 인건비를 절감해야 했습니다. 아래 표를 보면 1970년대 초반부터 기업의 생산성(이윤)은 늘었지만 노동자들의 소득은 정체를 보이고 있습니다. 노동 인건비가 물가안정에 큰 희생이 되어왔음을 방증하는 표입니다. 자본가들은 많은 돈을 벌어들인 것에 반해 노동자들의 부는 늘어나지 못했습니다.

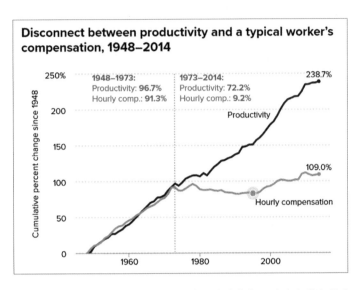

Disconnect between productivity and a typical worker's compensation, 1948–2014

Cumulative percent change since 1948

250%

1948–1973:
Productivity: **96.7%**
Hourly comp.: **91.3%**

1973–2014:
Productivity: **72.2%**
Hourly comp.: **9.2%**

238.7%

200

Productivity

150

109.0%

100

Hourly compensation

50

0

1960   1980   2000

1970년대 이후로 미국 노동자들의 보상은 정체되었고, 기업의 생산성(이익)은 향상된 것을 보여주는 그래프

　신자유주의는 국가의 개입을 일부 인정하면서도 정부의 규제 철폐, 노동유연화, 공기업의 민영화, 개방 등을 강조하고 있습니다. 하지만 시장을 자유에 너무 맡겨둔다면 독점금지, 공정거래, 금융통제가 무너질 수 있는 위험이 있습니다. 이러한 부작용을 간과하고 있는 건 아닌가 하는 생각이 듭니다. 독점이 인간의 권력을 만들었고, 권력을 남용했던 많은 역사가 있음을 우리는 결코 잊어서는 안 될 것입니다.

　2020년을 기준으로 대한민국의 명목 GDP가 약 1,900조

원, 국내 증시 전체 상장사 총액이 약 2,300조 원이고, 국고채 발행액이 약 170조 원이었습니다. 우리나라를 보더라도 실물 시장인 GDP가 1,900조 수준인 반면, 금융시장인 증시 상장사 총액(2,300조 원)과 국고채 발행액(170조 원)을 비교했을 때, 금융시장이 실물 시장보다 30% 이상 큽니다.

이렇듯 금융을 모르면 살기 어려운 시대가 도래했습니다. 금융이 시장을 지배하는 이상 시장이 어떻게 움직이는지 알아야 직장생활도 할 수 있고, 투자도 할 수 있고, 남들에게 필요한 조언을 해줄 수 있고, 무엇보다 자신의 삶을 의미 있게 변화시킬 수 있습니다. 자본주의 사회에서는 결국 생산수단을 보유하는 것이 핵심입니다.

독일, 일본을 통해 우리나라에 뿌리내린 시민법에서도 계약 자유, 절대 소유, 과실 책임을 3대 정신으로 규율하고 있습니다. 우리 자본주의도 이 시민법에 녹아 있습니다. 즉, 생산설비를 금품으로 교환해 소유할 수 있고(절대 소유), 토지 및 설비 구매 등의 계약을 자유롭게 할 수 있습니다(계약 자유). 하지만 이러한 자유 속에서 잘못이 있으면 책임을 져야 합니다(과실 책임). 이것이 현대를 살아가는 우리 시민들의 자본주의 세상인 것입니다.

세상에 재화나 돈을 많이 가진 자들을 부자라고 한다면 자본가들은 이 생산수단을 이용해 더 많은 이익을 취하는 것입니다. 대표적인 생산수단이 토지, 노동, 자본입니다. 더불어 이것을 '사업의 3요소'라고 부르기도 합니다. 이것으로 볼 때 우리가 늘 고민하는 '노동의 희생이 클수록 자본가는 더 많은 자본을 벌어들인다'는 함수를 이해할 수 있습니다.

토지

기본적으로 기업의 생산시설과 생산인력이 만나는 곳입니다. 이를 통해 생산된 산출물들의 이동을 위해 그 입지도 중요합니다. 인도의 제조법인 설립을 위해 저는 2006년에 인도 첸나이로 가는 비행기에 몸을 실었습니다. 제일 먼저 착수한 작업은 바로 현지의 적절한 공단 부지를 확보하는 것이었습니다. 임대료가 저렴하고 입지가 좋은 곳을 찾아야 했는데, 인도 정부가 새로운 공단을 설립해 분양하고 있던 찰나였기 때문에 적합한 부지를 찾을 수 있었습니다. 당시 공장 부지 선정의 고려 요소들은 고객사와의 납품 거리, 항만과의 거리, 인력수급 문제, 생산 규모에 맞는 설비 면적, 도로와의 인접성 등이었습니다. 반면 땅을 빌려줄 인도 정부가 신경 썼던 부분은 공장의 부산물로 인한 상하수도 등의 환경오염 여부, 소방 및 안전 등이었습니다. 얼마 후 공장 부지 임대 허가와 관련한 심사 위원회가 열렸고, 저는 간단히 해당 사업의 설명과 함께 공장의 부산물로 인한 환경오염 등 아무 문제가 없다는 짧은 진술로만 대응했습니다. 결과는 단번에 거절되었고 다음 위원회가 열리기까지 약 한 달의 시간이 더 필요했기 때문에, 또다시 긴 시간을 허비해야 했습니다. 시간이 지나 다시 열린 위원회에서는, 소속 기업의 여러 임원이 동행했고 인도 정부를 상대로 우리의 요구 사항들을 간곡하게 읍소한 끝에 공단 부지를 할당받을 수 있었습니다.

지금에 와서 그때를 돌이켜보면 인도 정부가 그 심의과정에서 저로부터 정말 듣고 싶었던 이야기는 "어떻게 해당 지역 인도인들의 먹고사는 문제에 대해서 도움을 줄 것이냐?"였을 것입니다. 예를 들면, 인력 고용이 ○○명, 소득보장과 외화획득, 도로 등 사회 간접시설에 투자, 기부나 사회 공헌 활동, 원자재 등 상품의 운송으로 인한 간접 비즈니스 확대 등 구체적으로 이야기했다면 어땠을까 하는 후회가 남습니다. 아마 그랬다면 단번에 통과되었겠지요. 당시 해당 관계자들에 대한 이해가 짧았던 제 식견에 아쉬울 따름입니다.

노동

노동을 자본가들이 절대적으로 소유할 수 있을까요? 뉴딜

정책의 일환으로 미국에는 와그너 법(Wargner Act, 1935년)이 제
정되었습니다. 이로써 노동조합의 단결권, 단체교섭권 등이 법
률로써 인정되었고 최저임금제 등도 규정되었습니다. 국가마다
노동법의 강도가 다르긴 하지만 대부분의 국가는 노동을 보호
하려 하고 있습니다. 아동 노동의 착취금지, 휴일 없는 강제근
로 금지, 여성보호, 일용근로자 보호 등 노동법은 노동자의 인
간다운 생활을 보장한다는 것을 공통 이념으로 명시하고 있습
니다. 현대의 우리가 느끼는 노동은 어떻게 와 닿습니까?

최근 직장 노동 가치에 대해 온라인 사이트에서도 많은 이
야기가 오가고 있습니다. 일부 인기 있는 작가들은 직장 노동
으로부터 빨리 해방되어야 한다는 식의 직장인 노예 마케팅으
로, 직장생활을 빨리 청산하지 못하는 것을 무능함의 상징, 또
는 노예생활의 지속이라는 등의 폄하적인 입장을 취하는 것을
종종 봤습니다. 전체적인 큰 그림을 보면, 자본가의 자본을 늘
리는 데 일조했던 것은 노동자들의 이러한 희생인 게 분명해 보
입니다. 그렇기 때문에 자본가들이 큰 노동 없이 쉽게 자본을
누리는 삶이, 평범한 사람들 입장에서 볼 때 불편함이 느껴지
는 것이죠.

하지만 이것은 공정과 불공정을 논하자는 것도 아니고, 논
리와 비논리를 이야기하는 것도 아닌, 약자에 대한 애석한 마

음에서 출발한 글들이 아닌지 조심스레 추정해봅니다. 이것이 전체 그림을 보고 이야기한 것이라면, 조금 더 구체적이고 실질적인 입장에서 이야기해볼 필요도 있습니다. 쥐꼬리만 한 월급이라도 근로자 개인에게 금전의 보상은 나름대로 가치가 있습니다. 즉 자본의 희생양이 될지언정 개인이 처한 환경과 성향 등에 따라 의미가 있는 것입니다. 인간의 본성을 충족시키는 필요한 일이 있는 곳, 자기계발을 통해 자아실현을 할 수 있는 곳, 충분한 인간관계 형성의 토대가 되는 곳이 바로 직장일 수 있는 것입니다. 이러한 삶을 무조건 부족하다고 단정지을 수는 없을 것입니다.

자신의 삶에 대한 디자인은 결국 자신이 하되 더 나은 삶을 살고 싶거나, 인생의 의미 있는 변화를 갈망한다면 부단한 노력이 필요합니다. 수영으로 예를 들면, 수영을 해본 적 없는 사람이 단번에 25미터 레인을 헤엄쳐 가기는 힘듭니다. 제자리에서 발차기, 호흡 연습, 팔 돌리기 연습 등을 수십, 수백 번 해야 실력이 조금씩 늡니다. 그러다 어느 순간 갑자기 25미터 레인을 스스로 통과하는 자신을 발견하게 됩니다. 사실 투자한 시간과 결과는 말콤 글래드웰의 '티핑 포인트' 이론과 같이 절대적으로 비례하지도 않습니다. 그러므로 실력을 쌓아서 스스로 독립하며 앞을 향해 나아갈 수 있는 기본을 조금씩이라도 꾸준히 다져야 합니다.

어쨌든 결론은, 평범하게 살고 있는 보통 직장인들의 삶이 초라하다기보다 '자본주의의 이치를 올바르게 깨닫고, 조금 더 행복하게 살았으면…' 하는 의도라는 것만 잘 전달이 되었으면 하는 마음입니다.

자본

자본은 토지 및 생산시설과 인력을 활용해 자본을 벌어들일 생산 결과물을 만드는 데 필요한 구매력입니다. 돈이 돈을 번다는 말이 여기에 기인하고 있는 것 같습니다. 이 자본은 기관, 은행, 정부가 주체일 수 있고, 개인 자본가들의 주머니에서 나올 수도 있습니다. 자본가는 기업을 시장에 공개해 기업 가치를 더욱 높일 수 있고, 불특정 다수의 투자자들로부터 투자를 받을 수도 있습니다. 자본만 있다면 이미 존재하는 기업을 통째로 또는 일부만 구매할 수도 있습니다. 이를 M&A라고 하죠. 자본은 이처럼 사업에 있어서 필수적인 것이므로 이들 자금을 효율적으로 융통할 수 있는 것이 기업의 핵심 경쟁력이 됩니다. 기관들이 기업에 자금을 융통해주기 위해서는 기본적으로 기업의 가치 평가를 합니다. 그렇다면 기업가치 평가에 있어서 무엇을 가장 먼저 볼까요?

바로 기업가 정신입니다. 국내 대부분의 평가 기관에서는 이것을 가장 먼저 평가합니다. 사업주의 학력 배경부터 경력, 사업 마인드, 인격, 신용등급 등을 봅니다. 의외라는 생각이 드시나요? 이처럼 자본이라는 밑바탕에는 일반적인 회계나 공학 등이 아닌, 인문학이 있습니다. 자본을 잘 활용하면 많은 사람을 행복하게 할 수 있고, 잘못 활용하면 많은 사람을 불행의 나락으로 빠뜨릴 수 있습니다. 이는 사업을 하는 자본가들의 마음이 얼마나 중요한지 알게 하는 대목입니다.

자유시장경제에서 덩치가 커진 자본가들의 불공정함, 반사회적 행동들이 대중들의 공분을 사는 경우가 많습니다. 땅콩 회항 사건, 갑질 폭행 등 우리도 많은 일을 겪어봤지요. 하지만 일반 시민들도 이제는 가만히 있을 수 없습니다. 최근 UNCG(UN Global Compact)는 CSR이라고 불리는 기업의 사회적 책임에 자발적으로 동참하라는 메시지를 각국에 전하고 있습니다. CSR은 법적인 강행규정은 아니지만, 앞서 설명한 기업 자본주의와 관련된 토지, 노동, 자본에 대한 전반적인 내용을 다루고 있습니다. 예를 들어, 자연보호, 반윤리, 반도덕적 행위 금지, 국제사회에서 비난받는 사업 금지, ILO(국제노동기구, 스위스 제네바에 본부를 두고 노동 문제를 다루는 1919년 창설된 국제연합의 전문기구)의 협약 준수 등입니다. 이 세상의 주인은 돈이 아니라, 우리들의 이웃과 같은 평범한 사람들이라는 인식을 심어주는 듯합니다.

하지만 자본가들은 '미션'이라는 가면을 이용해 뒤에 숨어 있습니다. 인류의 건강과 의학 발전을 도모한다는 미션 아래 운영하는 병원이 과연 실제 인간을 존중하며 환자의 괴로움에 감응하고 있을까요? 가끔 병원에 가보면 남들의 고통에 감응 없는 의료진의 시선이 느껴집니다. 고통스러워 아파하는 환자의 침상 뒤로 불과 몇 미터 떨어진 당직자의 책상에선, 알 수 없는 농담과 웃음소리가 들리기도 합니다. '고객의 자산을 최우선으로 하고 신뢰받는 은행을 지향한다'는 미션을 가지고 운영되는 은행은 어떤가요? 과연 은행들이 고객의 자산을 소중히 여길까요? 은행도 일반 중소기업과 다름없는 영리 기업인데, 마치 이타적인 공적 역할을 수행하는 듯한 느낌을 주고 있다는 걸 우리는 잘 모르는 듯합니다. 최근 국내 모 은행에서는 독일 국채금리를 벤치마킹한 DLS(파생결합증권)를 판매하는 과정에서 불완전판매로 인한 투자자에 원금손실을 입힌 사례도 있었습니다. 금융회사는 금융상품을 판매하기 위해 고객의 위험성향을 서면으로 받아야 합니다. 이는 금융회사의 판매실적을 위하여 무분별하게 위험이 크며 수수료 수익도 동시에 큰 상품을 비교적 안전자산을 선호하는 고객에 판매하는 등의 사태를 미연에 방지키 위함입니다.

하지만 최근 발생한 DLS 사태의 경우 특정 DLS에 투자한 투자자들은 자신의 투자 성향이 조작되었다고 주장했습니다. 정확한 내막은 각 은행의 사례마다 다르겠지만 각 지점의 실적을 위해 고객의 투자 성향과 맞지 않는 상품을 판매하는 등의 행위는 불완전판매임에 틀림없습니다. 자본주의의 이해는 결국 나 자신과 내 가정을 지켜나가는 것입니다. 시장이 쳐놓은 많은 함정에 빠지지 않는 유일한 길이며 지혜로운 삶의 영위를 위함입니다.

02.
'전망'보다는
'대비와 대응'이 필요하다

2차 세계대전이 연합국의 승리로 막을 내리고 본격적으로 미국이 전 세계 경제 패권을 가지게 됩니다. 종전 직전인 1944년 미국 뉴햄프셔주 브레튼 우즈에서 44개국이 참가한 연합국 통화 금융회의에서 비로소 브레튼 우즈 체제가 탄생하고, 이 시점부터 전 세계 기축통화로 미국 달러를 사용하게 됩니다. 20세기 이후에는 미국 경제가 곧 세계 경제가 되었다고 볼 수 있습니다.

하지만 각국은 이렇게 되었을 때 미국 정부가 돈을 무한정 찍어낼 수 있게 되고 그렇게 됐을 때 미국 달러 가치가 폭락할 수 있으니, 한 가지 전제조건을 내걸었습니다. 이전에는 실물화폐라 할 수 있는 금으로 세계 교역을 해왔었기 때문에 브레튼 우즈 체제에서는 달러를 태환(兌換) 화폐로 사용했습니다. 바꿔 말해, 달러를 미국에 가져오면 약정된 양(1온스=35달러)의 금으로 바꿔주는 것으로 협의한 것입니다. 각국은 여기에 동의했고 1970년 초반까지는 큰 문제 없이 브레튼 우즈 체제가 유지되었습니다(참고로 당시 미국은 전 세계 금의 72% 정도를 보유하고 있었습니다).

이 시점에 우리나라에서는 1990년 후반 외환위기 발생 시 잘 알려진 IMF와 세계은행이 탄생하게 됩니다. 자연스레 환율이라는 개념이 생겨나고 실물화폐인 금에 고정시키는 고정환율제로 운영되었습니다. 환율이란, 교환비율의 줄임말로 통화가 흔해지면 평가절하가 되어야 하고 반대의 경우 평가절상이 되어야 시장경제가 유지될 수 있습니다.

당시 미국과 미국을 제외한 국가의 상황을 보면, 미국은 기축통화 패권을 유지하기 위해 달러를 많이 풀어야 했고, 제3국의 경우에는 미국을 제외한 다른 국가와의 무역거래에서 사용하기 위해 달러를 많이 확보해야만 했습니다. 이런 이해관계가 맞으면서 전 세계에 달러가 기하급수적으로 풀리게 되고 미국은 이때부터 무역수지 적자를 기록하게 됩니다. 미국은 수입을 해서 자국 내 소비를 진작시키고 다른 국가는 수출을 통해 달러(외환보유고)를 벌어들이게 됩니다. 그렇게 되면 미국의 달러가 많이 풀려 가치가 평가절하되어야 하지만, 금으로 환율을 고정시켜 놓았기 때문에 환율에는 변동이 생기지 않았습니다. 이를 문제 삼은 사건이 '트레핀의 역설'입니다. 이후에 이 문제를 해결하기 위해 세계 3대 경제학자인 존 메이너드 케인스는 통화바스켓 제도를 도입해야 한다고 주장합니다. 통화바스켓 제도란, 자국과 교역비중이 큰 복수국가의 통화를 선택하여 통화군(basket)을 구성하고 동 basket을 구성하는 통화들의 가치가 변동할 경우 각 통화별 교역가중치에 따라 자국 통화의 환율에 반영하는 환율 제도를 말합니다. 지금의 Dollar index 개념은 이때 만들어진 것입니다.

미국 달러 인덱스(영어: U.S. Dollar Index)는 세계 주요 6개국 통화에 대비 미국 달러의 평균적인 가치를 나타내는 지표입니다. 1973년 3월을 기준점(100)으로 하여 미국 연방준비제도 이사회(FRB)에서 작성·발표합니다. 6개국 통화는 유로, 일본 엔, 파운드 스털링, 캐나다 달러, 스웨덴 크로나, 스위스 프랑이며, 각 통화의 비중은 그 국가의 경제 규모에 따라 결정됩니다.

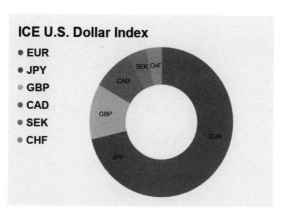

Dollar Index

    이후 1955년 발발된 베트남전에 1964년에는 미국 군대가 개입하게 되어 국제전으로 치러지게 됩니다. 미국이 전쟁을 치르기 위해서는 무엇이 필요했을까요? 미 군대는 미 정부에 의해 통제되고 운영되는 조직으로, 각종 무기와 원료 구입 등을 위한 돈이 필요했습니다. 따라서 엄청난 양의 달러를 찍었고, 이것은 미 정부의 재정적자로 이어지게 됩니다. 1960년 중반 이전까지는 미 재정은 흑자와 적자를 반복하며 균형을 유지해 왔으나 1968년을 기점으로 적자재정 폭이 확대되었습니다. 베트남 전쟁을 치르기 위해 많은 양의 달러를 찍어낸 결과였습니다. 이로 인해 미국은 쌍둥이 적자를 맞게 되는데, 무역 측면에서는 달러 기축통화 유지를 위하여 무역수지 적자를 지속하게 되고 재정적인 측면에서는 베트남 전쟁 비용을 충당하기 위해 재정수지 적자까지 생겨난 것입니다.

따라서 여러 유럽 국가들은 브레튼 우즈 체제의 달러 패권에 대한 의구심을 가지게 됩니다. 1972년 당시 미 리처드 닉슨 대통령은 닉슨 쇼크를 발표합니다. 닉슨 쇼크란, 리처드 닉슨이 취한 일련의 경제 조치를 말하며, 가장 주요한 조치는 미국 달러와 금 사이의 태환 제도를 일방적으로 폐지한 것입니다. 미 달러를 가지고 와도 금으로 교환해주지 않겠다고 선언한 것이고, 좀 더 쉽게 풀어 이야기하면 달러 부도라고 할 수 있습니다. 기축통화인 달러의 가치는 계속해서 떨어지게 되고 이는 물가 상승으로 이어집니다. 당시 물가상승의 가장 큰 요인은 단연 실물의 왕인 석유 가격의 급등이었습니다. 심지어 1970년대 중동전쟁이 발발하며 1970년도에 2차례에 걸쳐 오일쇼크를 경험하게 됩니다.

인플레이션은 크게 두 가지 관점으로 나누어 볼 수 있습니다. 수요가 늘어남으로 인한 '수요 인플레이션'과 비용이 증가하면서 발생하는 '비용 인플레이션'입니다. 우리가 흔히 이야기하는 경제 활성화에 도움이 되는 적절한 인플레이션은 수요 증가를 의미합니다. 당시 물가상승의 경우 석유 가격 폭등으로 인한 비용 인플레이션으로 미국 경제를 악화시키는 요인이 되었습니다. 경기는 안 좋고 물가는 오르는 스태그플레이션을 맞이하게 된 것이죠. 이때 미국 중앙은행장으로 폴 볼커라는 인물이 취임하게 됩니다. 각국 중앙은행의 설립목적을 아시나요? 바로 물가안정입니다. 한국은행 홈페이지에 게시한 설립목적을 보더라도 '물가안정'을 최우선 목표 과제로 삼고 있는 것을 확인할 수 있습니다. 미국 중앙은행도 다르지 않습니다. 볼커는 물가안정을 위해 금리를 급격하게 올리게 됩니다. 1970년대에 5%대이던 정책금리를 1980년에는 20%까지 올렸습니다. 2020년 현재 미국 금리가 제로 금리임을 감안하면 믿기 힘든 수치죠.

당시 미국의 제조업 입장에서 생각해보면, 원재료의 원재료라 할 수 있는 석유 가격 급등으로 비용이 증가하고 정책금리 인상으로 인한 이자 비용 증가로 이중고를 겪게 됩니다. 금리가 오르면서 동시에 세계의 유동자금은 미국으로 집중돼 미 달러의 가치가 올라가고, 이는 미국 제조업의 붕괴를 가져오며 금융업을 발달시키는 계기가 되면서, 역설적으로 미국은 세계 최대의 금융 경쟁력을 갖게 됩니다.

이 시기 미국의 제조업이 붕괴되고 환율이 오르면서 미국 수출량을 늘리며 급격히 성장하는 국가가 생겨나는데, 바로 일본입니다. 일본은 이 시기에 엄청난 부를 쌓게 됩니다. 미국의 제조업이 어려움을 겪고 있는데 일본 제조업이 성장하는 꼴을 미국이 보고만 있을 리 없죠. 1985년 플라자 합의가 일어난 배경입니다. 플라자 합의란, 1985년 9월 22일 미국 뉴욕에 있는 플라자 호텔에서 G5 경제선진국(프랑스, 서독, 일본, 미국, 영국) 재무장관, 중앙은행 총재들이 모여 발표한 '환율에 관한 합의'를 가리킵니다. 플라자 합의를 통해 달러를 일본 엔화에 비해 약 50%가량 평가절하하게 됩니다.

이후 1987년 FED 총재로 그린스펀이 취임하면서 미국은 황금 신경제를 맞이합니다. 1987년 취임한 그린스펀은 2006년 1월 31일까지 무려 약 20년 동안 FED 의장을 역임하게 됩니다. 1990년대 초반 큰 폭의 금리 인하를 단행하며 미국의 신경제를 이끌었습니다. 금리가 내려가면서 많은 이들이 낮은 조달비용으로 돈을 빌릴 수 있었고 이는 벤처 열풍으로 이어지게 됩니다. 많은 기업이 탄생했고, 특히 유니콘 기업이 탄생하기도 하지만 모든 일이 그러하듯 좋은 면이 있으면 나쁜 면이 있기 마련입니다. 이는 2000년 IT 버블로 이어지며 경제위기를 촉발하는 계기가 되었고, 그린스펀은 다시 더 큰 폭으로 금리를 인하했습니다. 이 금리 인하는 전 세계 경제를 패닉에 빠뜨리게 된 2007년 미국발 서브 프라임 모기지 사태가 발생하는 계기가 됩니다. 따라서 2000년부터 미국의 부동산 가격 상승 기울기가 급격해지기 시작했습니다. 이 당시 유명한 단어가 닌자론

(NINJA Loan, No Income No Job or Asset)이며, 단어 그대로 '은행은 소득이 없고 자산이 없어도 부동산 담보 대출을 제공했다'라는 의미입니다. 낮은 금리와 미국 월스트리트 금융가들의 탐욕에서 비롯된 것입니다. 이후에 벤 버냉키가 FED 의장으로 취임하여 제로금리와 양적 완화 정책을 단행하며 금융위기를 극복했습니다.

경제 전문가라 불리는 사람들이 연초만 되면 상고하저(상반기 호조, 하반기 약세)니, 상저하고(상반기 약세, 하반기 호조)니 하면서 갖가지 전망을 내놓는 것을 한 번쯤 들어보셨을 겁니다. 투자를 잘하기 위해서는 검증과 확인하는 습관이 필요합니다. TV와 각종 매체에 나오는 전문가 집단은 과연 전망을 잘할까요? 이 역시 검증이 필요한 부분입니다. 사실 전문가라는 단어조차 맞는지 잘 모르겠다는 생각이 듭니다.

전 세계에서 경제를 가장 잘 전망할 수 있는 집단은 어디일까요? 미국 연방 준비은행(미국 중앙은행)입니다. 아마 누구도 이견이 없을 것입니다. 그렇다면 전 세계에서 경제전망을 가장 잘할 수 있는 FRB는 전망을 잘하는지 검증해 보겠습니다. FRB 홈페이지에 들어가면 과거 회의록, statement 등 모든 자료를 무료로 확인할 수 있습니다. 우리나라 언론들의 기사도 모두 이 홈페이지의 로우 데이터(Raw Data)를 기반으로 만들어집니다. 투자를 잘하기 위해서는 언론에서 작성된 뉴스 기사만 보기보다는 로우 데이터를 보고 스스로 해석하고 판단하는 습관이 필요합니다.

전 세계에서 가장 경제를 잘 분석하는 집단의 17인 중 7명이 2016년 금리를 1.375%로 전망했습니다. 그렇다면 2016년 12월 실제 정책금리(Federal Fund Rate)는 얼마였을까요? 답은 0.41% 수준이었습니다. 실로 놀랍지 않을 수 없습니다. 전망이라는 것이 이렇게 어려운 것임을 알 수 있는 부분입니다.

다시 처음으로 돌아가서, 연초만 되면 주가 전망에 대한 뉴스들로 가득하고 투자자들은 많은 관심을 기울이게 됩니다. TV나 기타 매체에 나오는 소위 전문가라는 사람들도 현실적으로 정확한 전망을 하기란 불가능합니다. 저는 투자를 할 때 전망보다는 '대응과 대비'를 하는 게 훨씬 중요하다고 생각합니다. 예를 들어서, 현재 상황에 대해 분석을 하고 향후 경제가 좋아졌을 때와 그렇지 않을 때를 대비해서, 어떻게 하겠다는 나름대로의 계획을 세워 놓는 것입니다. 이렇듯 전망보다는 대비하고 대응하는 것이 훨씬 더 현실적으로 도움이 됩니다.

TIP
심리적 지도의
중요성

현재 우리는 인간적 지식의 시대에 살고 있습니다. 누가 가장 잘 아느냐를 잘 찾는 시대인 것이죠. 이것을 '심리적 지도'라고도 합니다. 최근 인공지능, 인터넷의 발달로 수많은 지식을 쉽게 얻을 수 있는 시대가 열렸습니다. 이제는 지식을 처음부터 체득하는 것이 비효율이라는 얘깁니다. 그러므로 자본주의 시대를 살아가기 위해서 '시장에서 누가 가장 잘 아는지'를 살펴보고 이를 활용할 필요가 있습니다. 필요하고 접근 가능한 지식을 잘 활용하고 탐험하는 과정을 계속 되풀이해야 합니다. 그래야 통찰의 힘을 키울 수 있습니다. 금융 및 기업분석의 통찰을 위한 가장 대표적 사이트를 몇 군데 소개하겠습니다.

1) 야후 파이낸스(https://finance.yahoo.com/)

· 회사 개요, 가격정보, 차트, 재무정보

· 매출액, 영업이익률, EPS, ROE, 등 주요 지표 확인

· Financials (대략적인 재무제표 확인)

2) 스톡 로우(https://stockrow.com/FINANCIALS)

· 10년 치 미국 기업 재무제표 확인

→ 재무상태표(Balance sheet), 손익계산서(Income Statement),

현금흐름표(Cash Flow) 확인

· 특징 : 주요 지표들 한눈에 보기 쉽게 구성되어 있다.

3) 잭스 닷컴(Zacks)

(https://www.zacks.com/stock/chart/amzn/eps)

· 기업의 주가와 EPS의 추이를 살펴볼 수 있다.

→ 주가라는 것은 결국 기업이익의 함수다. 이를 전제로 했
을 때 주가가 오르는 것은 너무나 당연한 것이다. 검은색
선은 주가, 파란색 선은 과거 EPS 실적 그리고 연두색 선
은 EPS 전망이다.

4) FRED (https://fred.stlouisfed.org/)

약 79만 개 경제지표 중 우리는 미국의 IB(투자은행)들이 보는 대표 지표들을 같이 볼 필요가 있다.

5) 미국 Manufacturing PMI 지수

(https://www.ismworld.org/)

· 대표 경기 선행지수 중 하나인 ISM 제조업 지수 확인

(매월 초)

· 50 이상이면 경기 상승, 50 미만일 경우 경기 하락 의미

6) OECD 경기 선행지수

(https://overseas.mofa.go.kr/oecd-ko/index.do)

· 100 이상이면 경기 상승, 100 미만이면 경기 하락을 의미

2020년 10월 10일 기준 전 세계 투자은행들이 가장 많이 보는 지표는 실업률(Unemployment rate), 하이일드채권(High yield spread), 소비자물가지수(Consumer price index) 순입니다.

투자에 대한 의사결정은 남의 말만 듣고 해서는 승률이 낮아지지만, 투자를 위한 경제지표의 경우에는 대표 IB들이 보는 지표들을 봐야 승률을 높일 수가 있다는 점을 참고해 주세요.

03.
돈의 가치는
왜 변하는 것일까?

'금리'라는 말을 자주 입에 오르내리지만 그 정의를 정확히 아는 사람들은 과연 얼마나 될까요? 금리는 보통 은행의 이자 정도로 생각하는 분들이 많습니다. 금리는 일종의 돈의 가격입니다. 우리가 쓰는 돈에 가격이 있다니 도대체 무슨 말일까요?

국내의 여러 자격시험에 주로 등장하는 문제 중에 돈의 현재가치(PV, present value), 미래가치(FV, future value)에 대한 것이 있습니다. 저는 여러 국가 전문 자격시험 등에서 이 문제를 수없이 풀어본 경험이 있습니다. 그리고 기업 실무에서는 대규모의 시설투자금액이 투입되어야 할 때 그 투자의 타당성을 검토하기 위한 NPV(순 현재가치)를 계산하며 사용하기도 했지요.
그 공식은 다음과 같습니다.

$$\text{현재가치(PV)} = \text{미래가치(FV)} \div (1 + r)^n$$
$$\text{미래가치(FV)} = \text{현재가치(PV)} \times (1 + r)^n$$
$$(r: \text{할인율, } n: \text{기간})$$

저 또한 돈의 가치 변화를 그저 수험적으로 또는 약간의 실
무적인 부분으로 접해왔던 것이 사실입니다. 그렇다면 돈의 가
치는 왜 변하는 것일까요?

첫째, 화폐와 통화는 같은 개념으로 사용되고 있으나 돈의
가치를 조금 더 쉽게 설명해야 한다면 저는 "화폐는 돈이라고
불리는 물질이고 통화는 현재 통용되는 기준 가치"라고 구분합
니다. 통화는 이들 거래의 통상적인 기준이라는 것입니다. 이
는 우리가 사는 현시대에서 금속 화폐 또는 지폐가 있다면 조
선시대는 쌀과 포목 등이 화폐로서의 기능을 대신했습니다. 그
러므로 통용이라는 단어 속에서는 그 시간적, 상황적 의미가
묵시적으로 내포되어 있다고 이야기할 수 있습니다. 모든 거래
는 어떤 시점이나 상황에서 정해진 기준에 따라 이루어진다는
뜻이고 돈의 가치는 그 울타리 속에서 변화된다고 볼 수 있는

것입니다.

둘째는 화폐도 수요와 공급 원리에 따라 가치가 변합니다. 즉 인플레이션이나 디플레이션으로 설명이 가능한 것입니다. 예를 들어, 우리나라의 중앙은행이 시중에 돈을 많이 풀어서 현금이 쏟아진다면 돈의 공급이 많아져 화폐 단위당 가치는 하락하게 됩니다. 그러므로 과거에 100원에 살 수 있던 물건을 150원에 사야 하는 일이 벌어지게 되죠. 물가가 상승하는 것입니다. 금리가 떨어졌다는 말은 시중에 돈이 많이 풀려서 돈의 가치가 하락했다는 뜻이고, 금리가 올랐다는 것은 그 반대인 것입니다.

그렇다면 시중에 돈은 어떻게 풀리는 것일까요? 우리나라 중앙은행인 한국은행이 돈을 공급하는 방식은 주로 공개시장 조작(정부가 채권을 발행하면 시중은행은 채권을 매입하고 다시 중앙은행이 매입하면서 시중은행에 현금을 공급), 은행의 지급 준비 금율 조정(은행이 지급해야 할 예금의 일정한 지급준비금 조정), 대출금리 인하, 시중은행에 대한 재할인율(채권 기한의 이익에 대한 이자율 조정) 조절 방식 등이 있습니다.

보통 통화량이 쏟아져 금리가 내리면 부동산 가격이 올라 정부는 이를 규제하려는 경향이 있습니다. 하지만 기업의 경우, 생산시설을 보유하고 있는 토지의 가치가 오르면, 기업도 부의 효과를 누리며 고용, 투자 등을 발생시켜 경기회복의 동인이 될 수 있다고 보기도 합니다. 경기가 나빠지면 주요국들은 양적 완화(통화량 확대 정책)를 통해 경기를 부양시킨다지만 그 효과성에 대해 비판하는 학자들도 많습니다. 풀린 돈이 그저 기업에 유보되거나 일부 자산가의 금고 속에서 보관되는 경우가 많다고 생각하기 때문입니다.

환율에 대해서도 알아볼까요? 환율은 우리말로 '국가 간의 통화 교환 비율'입니다. 앞서 말한 화폐의 가치도 국가마다 다르므로 해외 거래에 있어 그 교환가치는 계속 변화하고, 환율은 외환시장에서 외화의 수요와 공급에 따라 결정됩니다. 우리가 주로 말하는 환율은 달러를 의미합니다. 세계 거래에 있어 결제나 금융거래의 기본이 되는 통화가 바로 이 달러이기 때문에 기축통화(Key currency)라고도 합니다. 달러 외에도 일본의 엔화, 유로화, 파운드화 등이 있으나 달러 통화의 힘은 지배적이라고 할 수 있습니다. 그러니 환율이라고 하면 달러라고 생각해도 크게 무리는 없죠. 즉 달러를 원화로 사 오는 가격이라고 보면 됩니다. 원달러 환율이라는 의미는 1달러를 사 오는 데 드는 원화의 비용(Cost)이라고 보면 됩니다.

환율이 올랐다는 것은 달러를 사 오는 원화 금액이 올랐다는 의미로 원화 가치의 하락, 달러 가치의 상승이라는 의미를 동시에 내포합니다. 반대로 환율이 내렸다는 것은 달러를 사오는 원화 금액이 내렸다는 것이므로, 원화 가치의 상승, 달러 가치의 하락을 말하겠죠.

2020년 코로나 시대에는 미국 등 주요국의 양적 완화 정책으로 자국 통화량을 확대하여 경기를 회복하려는 정책들이 쏟아지고 있습니다. 달러를 발행하는 미국의 중앙은행인 미국 연방준비은행제도(FRB)의 금리 결정이 우리나라 금리 결정에 영향을 미칠 수밖에 없는 것입니다. 예를 들어, 미국이 금리를 인하(달러의 가치를 하락)하면, 수출 비중이 높은 우리나라는 수출 결제를 달러로 받게 되므로 곧바로 달러 가치의 하락률만큼의 손실을 보게 됩니다. 그러므로 우리나라도 원화 금리를 낮추어야 (원화 가치의 하락) 이 달러 가치의 하락을 막을 수 있는 것입니다. 환율은 곧 무역 전쟁이고 각국의 이해관계가 걸린 외교라고 볼 수 있습니다. 이 치열함을 방증하듯 우리는 제로금리 시대(0%대 금리)에 살고 있는 것입니다. 그렇다면 환율이 높은 것이 좋을까요? 낮은 것이 좋을까요?

보통은 환율이 높아야 좋다고들 합니다. 우리나라의 산업은 B2B 기업들이 많고 제조, 생산으로 해외 수출 비중이 높다 보니, 수출에 의존하는 기업은 달러의 가치가 높을수록 외화를 벌어들이는 입장에서 소득이 늘게 됩니다. 또한 내수기업의 가격경쟁력을 올릴 수 있고, 해외 공장의 인건비 부담으로 리쇼어링(본국 회귀)으로 이어져 고용기회도 늘릴 뿐 아니라 관광객 유치도 쉬워집니다. 그럼에도 불구하고 환율이 높아지면 외국인 투자자들이 우리 기업에 투자하는 것이 부담스럽게 됩니다. 국내 증시의 3분의 1 비중을 차지하고 있는 외국인들의 투자금액이 모조리 빠져나간다면 그만큼 우리 기업들의 가치도 떨어질 수 있는 것이죠. 주가와 환율은 반대로 움직인다는 말이 이런 것입니다(우리가 해당국의 주식을 사려면 그 나라 기업의 통화로 거래하게 되므로 환율차익 또는 차손이 발생할 수 있습니다).

따라서 환율이 무조건 높아야 좋다고 볼 수도 없는 것입니다. 적정 수준이 어딘가에 존재할 것입니다. 우리나라도 자원 부족국으로 해외로부터 물품을 수입해 들어오는 것이 많습니다. 기업에서도 해외로부터 조달받은 물품의 비중, 수출의 비중을 따져 볼 때 그 적정 수준의 환율이 있는 것입니다. 과거 제가 다니던 회사의 사장님께서 "우리 회사는 달러환율이 1,250원이면 가장 좋아"라고 말씀하시던 것을 들은 기억도 있습니다. 저는 기업의 적정 환율을 고민했고 몇 년이 지난 후 적정 환율을 산출하는 데 있어 고려해야 할 요소가 많다는 것을 깨달았습니다. 그 주요 요소들은 다음과 같습니다.

기업 적정 환율의 고려 요소들

1) 기업의 산업분류(제조업, 관광업 등)

2) 해당 기업의 외국인 투자자 지분

3) 비즈니스 형태

    (해외 제휴 기업과의 거래, 자회사와의 거래, 가맹점의 수익성 등)

4) 수입 금액

5) 수출 금액

6) 해외 금융 투자 금액

7) 해외 매출 채권

8) 외환 매입 채무

9) 달러화의 수주 잔고 (미래 달러 유입액)

환율의 방향성은 아무도 알 수 없습니다. 그래서 우리나라 대부분의 기업은 외환관리를 하는 별도의 부서가 없고 이에 대한 전략을 만드는 것도 무의미하다고 생각합니다. 환율이 자기 조절 기능이 있으므로 기업의 소극적인 외환 정책은 KIKO(Knock-in, Knock-out) 같은 헤지 상품에 가입하는 정도입니다. 그러나 기업은 현재 진행 중인 사업들을 차치하고라도 해외 신규 계약을 위해 환율 기준을 마련할 필요가 있습니다. 기업의 적정 환율을 구해두는 것이 바람직하지요. 앞서 말한 적정 환율 고려 요소들을 한 사람이 모두 감안해 판단하기는 쉽지 않습니다. 어찌 되었든 기업 경영의 기초에 금리와 환율이 있다는 것 정도는 반드시 기억해야겠습니다.

04.
기업이
변화하고 있다

지금은 4차 산업 자본주의 시대입니다. 이 시대에 걸맞은 나만의 생산수단을 갖추어야 나도 자본가가 될 수 있습니다. 무형의 지식을 창출할 수 있는 작가라면 컴퓨터 한 대, 책상 한 개, 의자 하나면 충분합니다. 4차 산업혁명이라는 혁신 앞에 기업도 서서히 변화하고 있는데, IT 기술의 발달로 자동화, 무인화가 가능해짐에 따라 기업은 생산비용을 줄일 수 있는 모든 수단을 동원하고 있습니다. 새로운 미래를 예측하고 변화를 감지하기 위해서는 현재를 먼저 이해하는 것이 필요합니다. 다음의 표는 우리나라 기업 형태의 종류입니다.

구분	주식회사	유한회사	합자회사	합명회사	협동조합
법적 근거	상법	상법	상법	상법	협동조합 기본법
책임 범위	유한책임	유한책임	유한 /무한책임	무한책임	유한책임
발기인수 또는 사원수	제한 없음	제한 없음	2인 이상	2인 이상	5인 이상
출자의 종류	금전, 현물(주식)	금전, 현물(지분)	금전, 현물, 노무, 신용(지분)	금전, 현물, 노무, 신용(지분)	금전, 현물
정관 인증	필요 (10억 미만은 불필요)	필요	불필요	불필요	필요
출자 단위	1주에 100원 이상(자본금 제한 없음)	1좌에 100원 이상(자본금 제한 없음)	출자 한도 없음 등기 시 명기	출자 한도 없음 등기 시 명기	출자 한도 없음
의결기관	주주총회	사원총회	무한책임사 원의 동의	무한책임사 원의 동의	조합원 총회
주주 또는 사원의 이동	원칙상 자유, 정관으로 제한 가능	원칙상 자유, 정관으로 제한 가능	무한책임 사원의 동의 필요	무한책임 사원의 동의 필요	조합원 총회

우리나라 기업 형태의 종류(출처: 창업보육협회)

우리나라는 개인사업자를 제외하고 법인의 형태는 대부분 주식회사입니다. 그러나 표에서 확인할 수 있듯 유한회사, 합자회사, 합명회사, 협동조합이라는 법인의 형태 또한 있다는 것도 알 수 있습니다. 법인의 형태는 협동조합을 제외하고는 상법에 기초합니다. 회사는 돈을 빌려오고 빌려주는 역할도 하기 때문에 채권과 채무에 대한 책임 범위가 있고, 기업의 의결기관과

출자의 종류 등을 규정하고 있습니다.

　우리가 흔히 주식투자 하는 기업은 주식회사에 국한됩니다. 주식회사의 액면가는 자본금을 발행 주식수로 나누는 것입니다. 액면가는 주식의 표면에 표시되는 가격으로, 우리나라는 주권의 액면가를 100원, 200원, 500원, 1,000원, 2,000원, 2,500원, 5,000원의 일곱 가지로 제한하고 있습니다. 그래서 우리나라의 기업이 주가를 분할할 때 액면분할이라는 명칭을 쓰지만, 미국의 경우는 액면가를 정하지 않으므로 주식분할이라고 합니다.

　사회나 특정 집단의 이익을 위해 설립된 비영리법인이 아닌 이상, 영리를 목적으로 하는 주식회사의 경우, 다가올 기업의 환경 변화에 적응하지 못하면 기업의 수명이 급격하게 단축될 수 있는 시대가 도래했습니다. 4차 산업혁명은 영리 기업에게 "혁신하지 못하면 이제 살 수 없다"는 메시지를 주고 있는지도 모릅니다. 이러한 시대의 흐름 속에서 기업들도 기존과는 다른 혁신적인 변화를 모색하고 있습니다.

1) 세계 시장의 변화에 민감해져라

　기업의 외부환경은 과거와는 달리 변동성이 심해졌습니다.

요동치는 국제유가, 달러 화폐의 양적 완화에 따른 환율 문제, FTA 등의 수출입 규제, 원자재 가격의 인상, 유로 식스(EURO 6)이라는 자동차 배기가스 규제 등 다양한 요소로 인해 수요와 공급에 상당한 영향을 미치고 있습니다. 수출로 먹고사는 우리나라 기업은 직접 수출이 아니더라도 대부분 간접수출(Local 수출)에 해당하기 때문에 이러한 세계 정치 및 경제의 움직임에 영향을 크게 받습니다. 그래서 기업의 산업과 관련된 정보를 국내 언론에 한정하지 말고 외신을 자주 접하며 변화를 감지해야 합니다.

2) 로봇을 통한 인건비 절감

인공지능, IT 기술의 발전으로 기존에 사람이 하던 일은 로봇에 의해 점차 대체되고 있습니다. RPA(Robot Process Automaton)이라는 반복적이고 표준화된 과업을 로봇을 통해 사무자동화로 완성할 수 있습니다. 최근 농협은행에서는 불완전판매를 줄일 RPA를 도입했습니다. 각 영업점에서 판매하는 수천 건의 투자 상품을 로봇이 점검하고 부족한 부분을 관리하는 것입니다.

3) 중개자는 집에 가라!

빅 데이터(Big Data)를 통해 기업은 시장의 수요를 응집시킬 수 있는 기회를 가지게 됩니다. 과거에 공장 사이드의 기업은 잘 만들기만 하면 되는 시기였습니다. 왜냐하면 이미 계약된 유통 업자에게 공급만 하면 되었기 때문이고 만들면 팔리는 시대였기 때문입니다. 하지만 앞으로는 그럴 필요가 없습니다. 많은 정보가 오픈되어 있고, 이를 잘만 활용하면 시장의 수요를 찾는 것도 그리 어렵지 않습니다. 더 이상 도매상, 소매상 없이 자체적인 데이터 활용 능력으로 수요를 응집시키고 사용할 수 있을 것입니다.

4) 사업의 다각화에 관심을 가져라

기존 캐쉬카우 아이템이 있더라도, 더 이상 계속기업으로 생존이 보장되는 시대는 끝난 것 같습니다. 새로운 사업을 구상하고 사업을 다각화하는 작업이 필요합니다. 4차 산업혁명이란 결국 기존과는 다른 사이클이 다가온다는 뜻이고 국내 및 세계 트렌드에 맞는 사업에 관심을 가져야 한다는 걸 의미합니다. 사업 다각화는 정부 지원 사업이나 정책 등과도 부합되는 사업이면 좋으며 이와 관련하여 지원을 받을 수 있도록 잘 알아볼 필요가 있습니다. 또한 산업재 기업의 경우 소비재도 관심을 가지고 시장에 직접 판매할 수 있는 사업 아이템을 찾아야 합니다.

5) 금융자본주의 시대에 맞는 기업

주주 친화적인 기업이 되어야 합니다. 즉 기업의 가치에 더욱 신경 써야 하며 투자자들에게 보상 강화는 물론 기업과 관련된 이해관계자들을 관리해야 합니다.

6) 록인(Lock-In) 전략의 강화

4차 산업혁신으로 기존 고객들이 자사 기업을 버리는 일이 없도록 대비해야 합니다. 이는 IT 정보 서비스와 관련될 수 있습니다. 재고의 움직임, 오더, 발주 정보 등의 실시간 제공 등은 기존의 비효율화를 효율화로 전환시켜 줄 수 있는 핵심 정보들입니다. 그렇기 때문에 기업도 자체적인 데이터 능력, 신속한 처리 등 경쟁사에 밀릴 경우 기존 고객과의 거래를 속박하는 것이 어려워질 수 있는 것입니다.

21년도 중소벤처기업부는 스마트 팩토리 관련 사업을 중점적으로 추진하고 있습니다. 20년 12월 인공지능 제조 플랫폼 (KAMP, Korea AI Manufacturing Platform) 서비스 포털을 오픈했는데, 이는 인공지능을 중심으로 스마트공장을 고도화하겠다는 계획입니다. 특히 KAMP 포털에 가상화폐 채굴에 특화된 엔비디아(NVIDA)의 CMP(Cryptocurrency Mining Processor)를 탑재했습니다. 비용이 많이 드는 기업의 전산실 운영도 앞으로 사라질 전망입니다. 대부분의 데이터들은 이 클라우드 시스템으로 옮겨가게 되고, 주문의 접수부터 물품의 인도까지 AI가 빅데이터들을 주무르는 시대가 열리는 것입니다.

05.
기업을
분석하는 방법

　기업의 주주가 되기 위해서는 어떤 자격이 필요할까요? 우리는 HTS(홈트레이딩시스템)나 MTS(모바일트레이딩시스템)를 통해 온라인 쇼핑을 하듯 주식을 사고팝니다. 주식이란, 일반적인 법인기업 형태인 주식회사의 자본을 구성하는 단위로써 이를 산다는 것은 기업 자본의 주체가 된다는 의미입니다. 그러므로 한 기업의 주주가 되기 위해서는 그 자본의 구성단위인 주식을 구매할 수 있는 능력만 있다면 누구나 주주가 될 수 있죠. 하지만 보통 개인들은 자신이 투입한 자본으로 기업의 주체가 된다고 생각하지 않습니다. 그저 주식을 구매와 판매 도구로만 여겨 시세차익이 생겼을 때 이익을 보는 형태로만 이용하는 경우가 많습니다. 본인이 투입한 자본의 비율이 전체의 0.0001%도 안 된다고 생각하기 때문에 진정한 주인의식, 주주로서의 품격을 상실해 버리는 셈이죠.

비록 투자한 기업에 내 지분이 소수점 4자리 이상일지라도 결코 적은 돈이 아닙니다. 자신이 투자한 기업으로부터 중요한 투자자로서 인정을 받을 수는 없을지라도 개인이 고민 끝에 어렵게 투자한 금액은 매우 소중한 자산이라 생각하고 나의 투자를 가치 있게 여겨야 합니다. 스스로가 먼저 주주로서의 권리를 포기해버리지는 말아야 할 것입니다. 제대로 된 투자를 지속적으로 이어나가기 위해서는 기업을 객관적으로 바라볼 수 있는 앎에 근거한 투자 능력을 키워야 합니다. 그중 기업의 재무와 회계를 이해하는 것은 정말 중요합니다. 하지만 이 둘을 공부하는 것은 정말 재미없습니다. 저 또한 그랬으니까요. 사실 이 공부가 재미없을 수밖에 없는 큰 이유는 텍스트로만 접하기 때문입니다. 예를 들면, 기업 내 어음, 회사채, 신주인수권부 사채, 주식 등과 같은 실체를 본 사람이 과연 몇이나 될까요? 실체가 없거나 있더라도 이를 만나보는 것은 매우 드문 일이기 때문에 그저 이론적으로만 배우고 금세 잊어버립니다.

사실 이러한 지식을 현실감 있게 배우는 가장 좋은 방법이 바로 기업의 주주가 되는 것이라고 생각합니다. 주주가 되면 기업의 돈의 흐름을 알 수 있습니다. 기업의 회계와 재무 분석 등 이외 여러 가지 방법으로 나의 지분이 어떻게 영향을 받는지 알게 됩니다. 그렇다면 기업분석에 필요한 지식은 무엇일까요? 기업에 다니거나 투자에 관심이 있는 분들은 다음의 내용을 꼭 알아두길 바랍니다.

Input(투입) - Process(과정) - Output(산출)

경영의 기본 원리이기도 한 이 세 가지 요소를 더욱 풀어서 설명하면, 투입 부분에서는 자금조달, 과정에서는 어디에 투자했는지, 산출 부분에서는 매출과 같은 성과는 어땠는지를 알 수 있는 지표입니다. 이 세 가지를 파악할 수 있다면 기업 가치 평가의 절반은 했다고 말할 수 있습니다. 이를 더 구체적으로 파고들어서, 보통 기업의 가치를 평가할 때 다음과 같은 요소들은 핵심 포인트입니다. 다음 지표들을 잘 이해하고 활용할 수 있다면 당신은 기업분석 전문가 반열에 들어선 것이나 다름이 없습니다.

1) ROE

ROE는 'Return on Equity'의 약자로 '자기 자본 수익률'입니다. 기업이 자본 투입 대비 얼마의 수익을 거두었느냐를 의미하는 것으로 기업 평가에 있어 많은 전문가가 1순위로 꼽는 지표입니다. 이 지표를 분석하기 위해서는 재무상태표의 자본과 손익계산서상의 이익이 필요합니다.

2) 영업활동 현금 흐름표

영업활동으로 벌어들인 현금의 흐름을 보는 지표입니다. 만약 영업활동 현금흐름 지표가 낮다면 미수채권이 많거나 재고자산이 증가했다는 의미이므로 기업의 사업성을 평가할 수 있는 중요한 지표가 됩니다. 외상매출금, 재고회전율이 어느 정도인지도 함께 살펴봐야 합니다.

3) 이자부 부채

부채의 형태도 다양할 수 있습니다. 예를 들어, 회사가 근로자에게 지불해야 할 퇴직금도 일종의 부채가 될 수 있으나 이는 별도의 이자가 나가는 부채는 아닙니다. 또는 회사가 사업을 위해 은행으로부터 단기 또는 장기로 자금을 조달받아옵니다. 자금 조달의 대부분은 은행을 통해 이루어집니다. 일부 자금 규모가 큰 시설자금의 경우 공공기관에서 직접 대출을 해주는 경우도 간혹 있긴 합니다. 기업은 은행을 통해 조달받은 자금의 이자를 무시할 수 없습니다. 그리고 이자부 부채가 1년 내 갚아야 할 유동부채의 성격인지도 살펴보아야 합니다.

4) ROI

ROI(Return on Investment)는 투하자본 수익률입니다. 이 지표를 알아내기 위해서는 상당한 노력이 필요합니다. 왜냐하면 재무제표로는 찾을 수 없기 때문입니다. 별도로 기업의 ROI를 제공해주는 사이트를 찾아야 합니다. 또는 금융감독원 전자공시시스템(Dart)에서 관련 내용을 찾아볼 수 있습니다.

5) 이자보상 비율

손익계산서를 보면 기업의 금융비용을 알 수 있습니다. 주로 빌려온 차입금에 대해 얼마의 이자를 내었는가에 대한 것입니다. 일반적으로는 이 금융비용의 7배 이상의 수익을 내야 안정적인 기업이라고 봅니다. 이자보상 비율이 얼마인지 따져보고 그 기업의 재무 건전성을 점검해봐야 합니다.

6) 연구개발비

기업의 연구개발비는 전자공시시스템(Dart)에서 찾아볼 수 있습니다. 연구개발비는 비용으로 처리하는 게 흔하지만, 연구개발의 완성 정도에 따라 기업은 자산으로 처리해 이익을 과대 계상하기도 합니다. 연구개발비는 정부 사업 지원금 혜택을 보거나 고객사의 품질경영 평가를 받을 때 주로 보는 항목입니다. 연구개발비용에는 연구원으로 채용된 근로자들의 인건비, 샘플 제작비 등이 포함되므로 재무제표에 나타나지 않는 허수들을 잘 걸러내야 합니다. 어쨌든 이 비율이 높을수록 향후 사업의 성장과 성공 가능성이 높기 때문에 기업을 평가할 때 과거부터 이 부분에 대한 비용이 얼마나 투입되었는지를 따져보아야 합니다.

7) 영업이익

영업이익(EBIT, Earnings before Interest & Taxes)은 영업활동으로 얼마의 수익을 내었는지를 보여주는 지표입니다. 이자비용과 법인세를 차감하지 않은 영업활동으로 인한 이익입니다. 참고로 감가상각비용과 무형자산상각비까지 제외한 이익을 EBITDA(Earnings before Interest & Tax, Depreciation & Amortization)라고 하며 직접적인 현금 지출이 없는 비용인 감가상각비(무형자산상각비 포함)를 비용에서 제외함으로써 기업이 순수하게 영업을 통해 벌어들인 현금 창출 능력을 보여주는 지표입니다.

8) 매출 성장률

기업의 매출 성장률이 과거에 비해 얼마인가는 기업의 성과를 직접적으로 볼 수 있는 지표입니다. 중요한 것은 앞으로의 성장률을 가늠해보는 것입니다. 이 역시 전자공시시스템(Dart)에서 수주 잔고 등의 내용으로 미래 매출 성장성을 예측해 볼 수 있습니다. 또한 대규모 금액으로 설비 투자 등이 이루어진다면 그 또한 사업 매출이 증가할 것이라고 예단해볼 수 있습니다. 해외 기업의 경우 매우 주기적으로 기업의 성장률에 대한 전망 지표를 내놓고 있고 일반 투자자들도 이를 참고할 수 있습니다.

9) 경영자의 마인드

경영자가 단기성과에 집착하는지 사업 성장을 위해 어떤 노력을 기울이는지는 기업의 사업에 매우 큰 변수입니다. 기업 소유자나 오너, 총수라는 표현은 우리나라에만 있는 듯합니다. 이 모두를 경영자라 칭하죠. 저도 한때 기업이 벌어들인 사업의 소득을 그 기업 근로자들에게 배분하는 것에 대해 매우 부정적으로 여기던 사업주 밑에서 일한 적이 있습니다. 직원들의 근로 만족도는 시간이 갈수록 떨어졌고, 많은 직원이 경쟁사로 이직했습니다. 10년이 지난 지금도 그 회사가 성장했다는 소리는 듣지 못했죠.

최근 ESG 경영*이 대두되고 있습니다. 기업의 생산으로 영향을 미칠 수 있는 자연생태계뿐 아니라, 노동 인권, 경영진의 도덕성 등의 잣대가 등장하여 평가되고 있습니다. 이미 미국과 같은 성장한 국가의 투자자들은 좋은 ESG 성적표를 가진 기업일수록 성장할 것이며 주주들에게 수익을 줄 거라 믿고 있습니다. 경영자도 이러한 비재무적인 측면으로 파생될 위기와 기회를 잘 파악하며 두루 성장할 수 있는 기반을 만드는 데 힘써야 할 것입니다.

소개해드린 지표를 활용해 기업을 분석하는 방법을 잘 익혀둔다면 큰 어려움 없이 좋은 기업을 고를 수 있는 통찰력이 생길 것입니다. 오히려 기업 분석이 매우 흥미로운 일이라는 것을 알게 될 것입니다. 이러한 지식에 의한 기초체력이 튼튼하다면 자신의 투자에 대한 확신이 생기게 되며 또한 직장인으로서도 회사의 주요 요직에 오를 수 있는 기회가 곧 찾아올 것입니다. 기업을 평가할 수 있는 자신만의 기초지식이 있느냐 없느냐의 차이는 바로 당신이 오늘 올바른 투자를 실행할 수 있느냐 없느냐의 차이를 만들어 내고, 그 투자의 성공 가능성을 높일 수 있는지를 판가름하게 될 것입니다.

---

* 'Environment, Social, Governance'의 머리글자를 딴 단어로 기업 활동에 친환경, 사회적 책임 경영, 지배구조 개선 등 투명 경영을 고려해야 지속 가능한 발전을 할 수 있다는 철학을 담고 있다. ESG는 개별 기업을 넘어 자본시장과 한 국가의 성패를 가를 키워드로 부상하고 있다. (출처 : 네이버 백과사전)

06.
익숙함을
넘어서는 용기

사람은 생물학적인 익숙함을 추구하기 마련입니다. 배가 고
프면 밥을 먹고, 피곤하면 잠을 자고, 날씨가 좋으면 어디론가
놀러 가고…. 정도의 차이는 있겠지만 남들과의 경쟁에서 우위
를 점하기 위해서는 자신의 욕구를 어느 정도 절제하며 살아
야 합니다. 이 욕구를 어느 정도로 다스리느냐에 따라 실패하
기도, 성공이기도 하는 것이죠. 욕구의 억제와 남용에는 어떠
한 대가가 있을 수도 있고, 없을 수도 있습니다. 그리고 욕구
억제의 발생 형태는 자발적인 것도 있고 비자발적인 것도 있습
니다.

보통 성공이란, 자발적 욕구의 억제를 담보로 필요한 대가를 바라는 것이 아닐까 하는 생각이 듭니다. 하지만 성공이라는 단어의 정의는 어떤 절대적인 것뿐 아니라 주관적이고 상대적인 것들도 많이 있다고 생각합니다.

　　예를 들면, 길거리에서 파는 종이컵 커피를 다 마신 다음, 이 종이컵을 버리기 위해 쓰레기통에 던져 한 번에 들어가게 하는 것도 성공입니다. 평소 마음에 있던 여인에게 데이트 신청 후 허락을 받아낸 것도 성공이고, 열심히 공부해서 원하는 직장에 취업한 것도 성공입니다. 자영업으로 목표로 했던 매출을 이루는 것 역시 성공이겠죠. 성공이란 때로는 우연적이기도 합니다. 그러므로 일반적인 성공확률을 수치적으로 표현하려면 필연적으로 다음의 일반적 가설들이 전제되어야 합니다. 그렇다면 우리가 일반적으로 말하는 성공이라는 내용의 타당성을 수치적으로 어떻게 표현할 수 있을까요? 이를 정량적으로 나타내기 위해서는 다음과 같은 일반적 가설들이 전제되어야 합니다.

○ 경쟁자들이 모두 동일한 목표를 가지고 있다.

○ 성공 여부를 가늠하는 척도가 명확히 명시되어 있다.

○ 성공의 기대 결과와 갈망은 개인마다 다를 수 있다.

○ 개인의 배경 등의 환경적 요소나 유전자적 특성에 영향을 받는다.

○ 운이 작용한다.

○ 성공 대가에 대한 가치가 높을수록 수요는 많고, 성공률(%) 또한 낮다.

○ 시간과 비용은 성공률과 비례한다. 반면 시간과 비용이 많이 들수록 성공하는 사람의 수는 적다.

이 조건들이 가장 잘 통제된 실험 환경은 수험시장이라 생각합니다. 2020년 공인중개사 시험 응시인원이 사상 최대를 찍었습니다. 20만 명 이상이 응시를 했으며, 최종 합격자는 1.6만 명으로, 합격률은 약 20% 정도였습니다. 20만 명이면 경상남도 진해의 인구 수준입니다. 굉장히 많은 사람이 자신만의 성공을 갈망하며 시험에 응했을 것이나, 80% 정도는 매년 시험에 떨어진다는 것을 통계적 지표로도 볼 수 있습니다. 그렇다면 과연 20%에 들었던 사람은 과연 어떤 사람들일까요?

저는 앞서 말한 일곱 가지를 아우를 수 있는 가장 큰 변수가 '인간의 심리'라고 생각합니다. 에버렛 로저스(Everett Rogers)의 기술수용주기 모형이라는 이론이 있는데, 대중들이 신기술을 접할 때 그 수용주기를 설명한 것입니다. 이 이론은 경영학에서 제품의 수명주기 이론(PLC)인 도입기, 성장기, 성숙기, 쇠퇴기와 주로 함께 설명됩니다(참고로 제품 수명주기 이론은 레이몽 버논(Raymond Vernon)에 의해 탄생했습니다. 그는 마샬플랜(Marshall Plan), IMF(국제통화기금), GATT(관세와 무역에 관한 일반 협정) 등 국제경제기구의 핵심 멤버였습니다).

에버렛 로저스는 신제품(신기술)이 시장에 출시되었을 때, 전체 시장 소비자 중 2.5% 혁신 수용자들이 제일 먼저 수용하게 되며, 그다음으로 조기 수용자(얼리 어답터) 13.5%, 조기 다수자 34%, 후기 다수자 34%, 최후 수용자 16%의 순서로 받아들여진다는 연구결과를 발표했습니다. 결국 그림과 같이 어떤 신기술이 캐즘(Chasm)이란 위기를 극복하고 최후 수용자까지 수용되는 것을 볼 때, 이 제품은 시장에서 성공했다고 볼 수 있을 것입니다. 즉 성공하는 제품을 남들보다 먼저 접한 사람들을 혁신 수용자와 조기 수용자(얼리 어답터)라고 할 때, 대략 16% 정도인 셈이죠. 이들이 먼저 접한 제품은 시장에서 실패할 제품일 수도, 성공할 수도 있습니다.

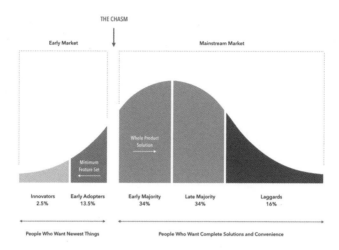

기술수용주기

저는 이 비율(16%)을 앞서 말한 성공확률과도 관련지어 이야기할 수 있다고 생각합니다. 언뜻 보면 공인중개사 시험의 최종 합격률과도 비슷합니다. 만약 누군가 보편적 기준의 성공확률이 상위 20%를 기준으로 특정 오차 범위 내에서 결정된다고 이야기한다면, 그 주장은 일리가 있다고 생각합니다. 그러나 저는 또 다른 해석이 가능했습니다. 위의 그림과 같이 혁신 수용자와 조기 수용자를 'people who want newest things(새로운 것을 원하는 사람들)'라고 표현했고, 그 외 84% 집단을 'people who want complete solutions and convenience(완전한 솔루션과 익숙함을 원하는 사람들)'라고 표현했죠. 사실 이 문장은 우리에게 답을 줍니다. 보통의 익숙함을 원하는 집단은 84%이고, 새로움을 받아들이고자 하는 상위 집단은 고작 16%뿐이라는 것을요.

익숙함을 원하는 사람은 자신의 욕구를 억제하거나 목표를 위해 크게 노력을 기울이지 않습니다. 오직 상위 20% 내외의 사람만이 그 익숙함을 거부하고 노력하는 사람들이죠. 따라서 보편적 성공확률을 구할 때, 불필요한 허수를 제거하여 해석한다면 앞서 언급한 성공의 확률(20%)을 뒤집어서 이야기할 수 있습니다. 만약 당신이 진정으로 원하는 바가 있고, 그 원하는 것을 쟁취하기 위해 모든 익숙함을 거부하고, 간절함과 절실함으로 맞선다면 그 성공확률은 80%가 넘을 것입니다.

07.
마케팅과
자본주의

마케팅은 소비를 일으키는 주요 수단입니다. 마치 자본주의를 이끄는 행동대장과도 같다고 생각합니다. 보통 사람이 느끼는 마케팅이라는 용어는 다소 추상적입니다. 어떤 추상적인 학문에 접근할 때는 주변의 소음이 많지만 제대로 마케팅을 이해하고 있는 사람은 기업과 시장을 보는 시야가 남다릅니다. 마케팅 전문가는 소비자들의 이해를 바탕으로 시장, 기업의 미래를 예측하고 사업의 성공을 이끕니다. 다르게 표현하면, 마케팅은 소비를 이끄는 기술입니다. 소비자의 심리를 파악하기 위해 설문 조사를 실시하고 설문 결과를 바탕으로 통계적 분석을 합니다. 이 통곗값의 의미를 살펴 시장에서 사용할 전략을 수립합니다. 즉 마케팅은 사람들의 심리, 감각 등을 이용해서 그 결과를 관찰하고 이를 데이터화해서 어떤 의미를 찾는 과정입니다. 이를 통해 사업의 성공, 부의 완성을 이루는 분야라고 생각합니다.

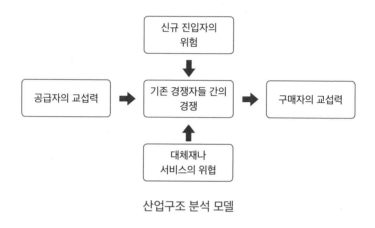

산업구조 분석 모델

마케팅 하면 가장 유명한 것이 하버드 대학교 경영대학 교수인 마이클 포터의 5 forces 이론(또는 사업구조 분석)이 아닐까 합니다. 사업에 있어 5가지의 힘을 설명한 이론인데 마케팅을 제대로 배웠다는 사람은 결코 모를 수 없는 이론입니다. 그러나 일부 학자들은 이 모델이 정태적 분석이므로 지속 변화하는 기업의 변화를 반영하지 못하고, 기업 간 경쟁에 있어서의 상호 영향 등이 고려되지 못했다며 비판하고 있습니다. 이후 마이클 포터는 이 모델이 결코 정태적이지 않다는 것을 증명해 보이려 고심했습니다.

그림의 가운데 부분인 기존 경쟁자들 간의 경쟁에서 그는 다섯 가지를 제시했습니다. 첫째는 독점과 과점에 관한 산업의 집중도, 둘째는 제품의 차별화, 셋째는 경쟁기업들과의 동질성, 넷째는 산업 내 비용구조(고정비용의 정도), 다섯 번째는 초과생산능력이었습니다. 마이클 포터가 다른 학자들에게 이 모델이 정태적이지 않다는 것을 반박할 수 있었던 근거는 바로 이 초과생산능력에 있었죠. 경기가 좋아져서 수요가 늘고 공급이 줄었을 경우 이 초과생산능력을 가진 기업은 성장의 기회가 됩니다. 시장의 수급 상황이라는 변수도 이 모델에 반영되어 있었으므로 그는 결코 정태적 모델이 아니라고 반박했던 것입니다.

이러한 학설적 대립을 차치하더라도 이 모델을 잘 알면 기업 입장에서는 요소별 전략을 수립하기 용이하고, 투자자 입장에서는 해당 산업의 미래를 예측하는 데 큰 도움을 얻을 수 있습니다. 해당 기업이 누구로부터 공급을 받고 누구에게 공급하는지, 공급 간 힘의 균형은 어떻게 형성되어 있는지, 대체되기 쉬운 제품 또는 서비스인지, 새로운 경쟁사가 나타나기 쉬운 구조인지 등을 살펴보면 해당 산업과 기업의 미래를 예측하는 데 크게 도움이 될 수 있는 것입니다.

기업의 투자가치를 판단하기 위해서는 그 기업이 생산하는 제품 또는 서비스의 까다로운 소비자가 되어보는 것도 하나의 방법입니다. 실제로 우리는 일상 중에서 꽤 괜찮은 제품이나 서비스를 경험했을 때, 제품에 대한 무의식적인 평가와 단순 활용에만 그칩니다. 하지만 투자자의 마인드로 접근해보면, 해당 제품을 생산하는 기업이 하는 사업을 구체적으로 살펴보고 이 기업과 산업의 미래를 예측할 수 있습니다.

예를 들어, 카카오(KAKAO)를 생각해볼까요? 처음 카카오톡이 출시되었을 때 많은 소비자는 이 플랫폼에 대해 만족하며 재미있게 사용하는 데에만 그쳤을 것입니다. 만약 당시에 까다로운 소비자의 마인드를 가지고 투자적 관점에서 카카오라는 회사를 볼 수 있는 안목이 있었다면 지금 저의 삶은 훨씬 더 나아졌을 겁니다(2017년 주식시장에 상장된 카카오는 2021년 3월, 당시보다 7배 넘는 주가를 형성하고 있습니다).

소비시장은 소비자의 심리를 잘 읽어야 합니다. 근래에는 사람들의 심리 자체를 잘 알아도 돈을 쉽게 버는 세상이 온 듯합니다. 최근 아동심리상담사도 매우 각광 받는 직업이고, 사람뿐만 아니라 동물의 심리도 잘 활용해 '개통령'이라는 별칭으로 인기를 끄는 사람도 탄생하게 되었으니까요. 또한 유명한 뇌과학자들이 방송에 출연하여 인간 행동과 생각에 대해 홍미로운 사실들을 알려줍니다. 심리학과 뇌 과학의 상관관계가 어느 정도인지 잘 모르겠으나 앞으로 소비시장에 대해 이 분야도 관심을 가지면 좋겠다는 생각도 듭니다. 자본주의의 행동대장인 마케팅, 지금은 그냥 모른 척하고 넘어가기에는 안 되는 분야임은 틀림없습니다.

또한 유명 뇌과학자들이 방송에 출연해 인간 행동과 생각에 대한 홍미로운 사실들을 알려줍니다. 심리학과 뇌과학의 상관관계가 어느 정도인지 잘 모르겠으나 인간의 소비를 분석하는 방법을 연구하는 데 큰 도움을 주는 것은 부인할 수 없을 것입니다.

마케팅은 이처럼 소비자, 구매자, 공급자, 경쟁자 모두에 대한 전략을 말해줍니다. 그러므로 기업의 가치는 이 마케팅 능력으로 계산된다고 봐도 무방합니다. 즉 마케팅을 잘하는 기업, 이런 기업에 투자해보는 것은 어떨까요?

주식투자,
오늘부터 시작하기

01. 투자에서 돈을 벌기 어려운 이유

02. 부동산투자 VS. 주식투자

03. 투자에서 100패는 기본이다

04. 직장인을 위한 생존투자법

05. 수익률을 끌어올리는 분석법

06. 어떤 기업에 투자할 것인가

01.
투자에서
돈을 벌기 어려운 이유

야구에서는 핵심 타자를 3~5번에 배치하는 경우가 많습니다. 이유는 타점이 중요하기 때문이죠. 득점권에 선수가 출루했을 때, 타점을 올려줄 수 있는 선수를 야구에서는 핵심으로 봅니다. A팀과 B팀이 경기를 했을 때, A팀은 1~9회까지 매회 안타를 2개씩 친 반면, B팀은 1~8회까지 안타를 치지 못했지만 9회에 몰아서 5개를 쳤다면 승리는 B팀의 것이 됩니다. 야구에서 승리하기 위해서는 안타를 많이 치는 게 중요한 것이 아니라, 얼마나 몰아치느냐가 관건이거든요.

볼링도 마찬가지죠. 1~10프레임까지 스트라이크 없이 9개

핀을 처리한 경우 최종 점수는 90점이 됩니다. 참고로 볼링 게임의 점수 계산은 쓰러뜨린 핀 1개당 1점으로 반영되나, 10개 핀을 모두 처리한 스트라이크의 경우, 다음 프레임에서 얻은 점수가 보너스로 합산됩니다. 예를 들어, 스트라이크를 기록하고 두 번째 프레임에서 7개를 쓰러뜨렸다면, 첫 프레임 10점 + 보너스 점수 7점 + 두 번째 프레임 점수 7점으로 총 24점이 되는 것입니다. 이처럼 야구에서는 안타가 나온 다음 타석에서 안타를 치는 것이 중요하고, 볼링에서는 스트라이크/스페어 처리를 한 다음의 프레임 결과가 최종 승패에 영향을 미칩니다.

저는 부자가 되는 방법도 똑같다고 생각합니다. 부자가 되기 위해서는 특정 시점에 꼭 해야만 하는 것들이 있죠. 자수성가한 몇십억 대 부자들이 공통적으로 하는 말 중 하나가 "노동소득(active income)으로 1억 모으기가 가장 힘들었다"는 말입니다. 저도 이 말에 동의합니다. 90년대 베이비부머 세대들이 사회초년생으로 돈을 모을 때 금리가 10%대였던 반면에, 현재 우리가 사는 2021년의 금리는 약 1%대입니다. 여기서 15.4%의 이자소득세, 주민세를 제외하고 실수령하는 금액은 실로 미비합니다. 투자를 위한 종잣돈을 모으는 것이 가장 힘들지만, 이는 부자가 되는 게임에서 이기기 위해 사회초년생 시기 반드시 수반되어야 하는 과정입니다. 마치 야구게임에서 이기기 위해

득점권에서 안타가 필요한 것과 같죠.

저는 과거 몇 년간 월급의 70% 이상을 저축하며 종잣돈을 만들었고, 이것이 지금 저에게는 정말 큰 힘이 되고 있습니다. 이 종잣돈이 생기면서 의미 있는 투자금액이 생겼고, 말로만 듣던(자본주의의 꽃이라고도 할 수 있는) 돈이 돈을 번다는 것을 경험하는 중입니다. 지금은 당연히 노동소득(급여)보다 투자소득이 몇 배 더 큰 상황이며, 이 차이는 시간이 갈수록 훨씬 더 커질 거라 생각합니다.

주변에 친한 선배나 지인들을 보면 대부분 30대 초중반에 결혼하고, 아이를 낳고, 어느 정도 대출을 받아 집을 사고, 부동산 대출금을 갚고, 가정의 생활비를 충당하기 위해 오랫동안 직장에 다닙니다. 시간이 갈수록 늘어나는 생활비와 늘어나지 않는 급여 때문에 항상 돈이 부족합니다. 역설적이지만 급여 없인 생활이 힘들기 때문에 원치 않는(행복하지 않은) 회사를 계속해서 다니게 됩니다. 아마도 대부분의 직장인이 비슷하지 않을까 합니다.

저는 단지 행복하게 살고 싶었고, 그래서 돈을 벌기로 결심했습니다. 어떻게 하면 돈을 벌 수 있을까 많은 고민을 한 결과, 금융에 대한 지식을 쌓아 제대로 된 투자를 해야겠다는 결론에 이르렀습니다. 사업은 그다음 과제였죠. 그래서 저는 돈을 모으면서 금융 본질에 대한 공부를 본격적으로 시작했습니다. 자연스레 가장 좋은 투자처가 어딘지 공부했고, 제가 내린 결론은 바로 글로벌 기업이었습니다.

실제 글로벌 기업이라 하면 일반적으로 미국 기업인 경우가 많습니다. 세계를 대상으로 지속적으로 자신들의 지배력을 넓혀가며 경쟁력을 유지하는 미국 플랫폼 기업들이 투자 대상으로서 매력적임을 인지하게 되었고, 그에 대한 학습을 한 뒤 차근차근 투자해 나갔습니다. 그러던 어느 날, 내가 투자한 그 기업들을 실제로 한번 방문해보고 싶다는 생각이 들었습니다. 그래서 투자 여행을 위해 미국행 비행기에 몸을 실었죠.

100년 전 미국의 발전은 보스턴, 뉴욕을 중심으로 한 동부에서 이루어졌지만, 현재는 시애틀과 샌프란시스코를 중심으로 한 서부에서 4차 산업혁명이 일어나고 있습니다. 국내에서도 많은 사람이 투자하고 있는 아마존, 마이크로소프트, 보잉, 스타벅스 본사는 모두 시애틀에 있습니다. 그래서 목적지를 시애틀로 정했고 마이크로소프트 본사 방문, 보잉 공장 투어 및 아마존 고(무인 편의점)를 실제 경험하게 되었습니다. 시애틀 다운타운에는 아마존 오피스 증설이 한창이었으며, 우버 기사들은 자신들도 아마존 프라임 회원이라며, 아마존은 괴물이 되어가고 있다고 했습니다. 거기서 제가 느낄 수 있던 점은 '아마존은 이미 이들에게 필수 서비스구나' 하는 것이었습니다. 이런 실제 경험들을 통해서 투자금액을 계속해서 늘려갔으며, 동시에 기업실적 분석도 꼼꼼히 체크하며 판단에 대한 결과를 모니터링해 나갔습니다.

미국 여행의 또 다른 목적은 버크셔 헤서웨이의 주주총회 참석이었습니다. 투자 공부를 열심히 해 나가는 과정에서 필연적으로 워런 버핏에 대해 많이 알아가려 했고, 알아갈수록 정말 대단한 사람이라는 생각이 들었습니다. 그래서 꼭 한번 만나고 싶었고 2017년 5월 네브래스카주 오마하에서 그분을 멀리서나마 뵙게 되었습니다. 저는 가슴이 뛰었고 어느 때보다 설렜으며 쉽게 흥분을 가라앉히기 힘들었습니다. 요즘 버크셔 주총은 야후 파이낸스에서 실시간 온라인 중계를 해 주기 때문에 내용적인 면에서 큰 무언가 얻은 것은 아니었지만, 실제로 한번 보는 것만으로 제게는 큰 감동이었습니다.

왜 우리 주위에는 투자로 돈을 번 사람이 많이 없을까요? 한 다리 건너 누구 친구의 사촌은 부동산, 주식투자로 돈을 벌었단 소식이 들려옵니다. 그런데 정작 내 주위를 둘러보면 어떤가요? 제 주변에도 의미 있는 큰돈을 번 지인은 사실상 거의 없습니다. 왜 그럴까요? 이유는 한 가지입니다. 투자는 어렵기 때문입니다. 그래서 투자를 잘하는 사람은 소수일 수밖에 없습니다. 그렇다면 투자는 도대체 왜 어려운 것일까요? 가장 큰 이유는 인간의 본성을 거스르는 행동과 마음가짐이 필요하기 때문입니다.

최고의 펀드매니저로 남아 있는 『월가의 영웅』 저자 피터 린치는 피델리티 자산운용에서 13년간 누적수익률 2,700%를 달성한 전설적인 인물입니다. 연평균 수익률은 30%에 육박하는 엄청난 성과입니다. 이렇게 전설적인 수익률을 달성했지만 놀라운 사실이 한 가지 있습니다. 13년 동안 피터 린치 고객의 절반 정도는 돈을 벌지 못했다는 점입니다. 놀랍지 않은가요? 이렇게 엄청난 성과를 거둔 펀드에 가입한 투자자 중 절반이 마이너스 수익률을 기록했다는 것이 말입니다. 그들이 마이너스 수익률을 얻은 가장 큰 이유로 저는 주식이 오르면 사고, 내리면 파는 행동을 했기 때문이라고 생각합니다.

우리는 투자 대상을 실물시장의 재화와 서비스로부터 구분할 필요가 있습니다. 예를 들어, 노트북을 사야 하는 상황에서 노트북의 가격이 매일 같이 오르는 상황이라면, 합리적인 인간임을 가정했을 때, 많이 올랐더라도 내일 더 오를 것이기 때문에 오늘 사는 것이 맞습니다. 실물시장에서는 이런 인간의 행동이 더 이로울 수 있으나, 이를 금융시장에 대입하게 되면 어떨까요?

평소에 관심 없던 A라는 기업이나 펀드의 가격이 계속해서 오르면, 대부분의 사람은 오르는 시점에 관심을 가지게 됩니다. 그렇다면 노트북의 예와 같이 오늘보다 내일 오를 것이기 때문에 덜컥 사는 것이 과연 합리적인 행동일까요? 그렇지 않습니다. 왜냐하면 주식투자는 본질적으로 기업에 투자하는 것이고, 기업은 가치가 있는 대상이기 때문에 우리가 적정 가격을 계산해 낼 수 있습니다. 적정 가격을 자기 나름의 기준으로 계산해서 가치와 가격을 분석하고 난 뒤에 매수나 매도 결정을 하면 되는 것입니다. 인간은 아주 먼 과거부터 사고파는 행위를 해왔고 수급으로 인한 가격 변동에 민감할 수밖에 없습니다. 이는 경제학적으로 자본시장의 흐름을 분석한 것이지만 우리는 좀 더 본질적으로 가치와 가격을 비교할 수 있는 경영학적 관점도 반드시 동반하여 자본시장에 뛰어들어야 합니다. 그렇지 않으면 마젤란 펀드의 마이너스 수익률을 기록한 절반의 펀드 가입자처럼 돈을 벌지 못할 확률이 굉장히 높아질 것입니다.

성공적인 투자를 위해서는 인간 본성을 거스를 수 있는 용기와 행동이 필요합니다. 이를 위해서는 충분한 학습이 선행되어야 하고요. 또한 경제학적인 수급 요인보다는 경영학적 가치와 가격을 분석할 줄 알아야 합니다. 왜냐면 우리의 확증편향 때문입니다. 주위 사람들이 흔히 본인 거주지를 최고라 생각하는 경향이 있습니다. 객관적으로 보았을 때 그렇지 않은 경우도 많은데 말이죠. 주식투자를 할 때도 투자한 기업의 좋은 면만 보려고 하고 나쁜 소식들은 애써 외면하려는 경향이 있는 것 같습니다. 그래서 쉽게 매도하지 못하고 비자발적 장기투자를 하게 되는 경우도 많이 봐왔습니다.

사람은 누구나 자기 실수를 인정하기 싫어합니다. 누군가에게 투자 결과를 이야기할 때 나쁜 결과보다는 좋은 결과 위주로 이야기하게 되는 것도 같은 맥락입니다. 대부분은 실패를 감추고 작은 성공의 성과들을 드러내고 싶어 하기 때문이지요. 하지만 이는 좋은 투자자가 되기 위해 반드시 고쳐야 할 행동입니다. 투자한 기업을 객관적 데이터에 입각해 분석해야 하는 것이지, 대충 전해 들은 소식으로 투자한 뒤 확증편향에 빠져서는 다시 태어나도 투자로 성공하기 힘듭니다.

직장인이 부자가 되는 방법

1) 무조건 1억을 모은다.
2) 재무, 회계, 증권에 대해 깊이 있게 공부한다.
3) 연간 수익률을 15%로 설정하여, 이에 맞는 전략을 짜고 실행한다.
4) 지속적으로 관찰하고 개선하고 다시 실행하기를 반복한다.

다음의 표를 보면 왜 15% 수익률이 중요한지 직관적으로 알 수 있습니다. 기울기가 가팔라지는 수익률은 15% 수준부터임을 알 수 있죠. 제 경험상 소비심리를 억누르고 절약하면서 돈을 모으는 것은 상당히 힘든 일입니다. 현실적으로 가능한 금액이 1억 정도이며 인간계에서 달성할 수 있는 수익률은 15% 정도인 듯합니다.

투자금액	수익률	10년	20년	30년
1억	10%	2.6억	6.7억	17.5억
	15%	4.1억	16.4억	66.2억
	20%	6.2억	38.3억	237억

02.
부동산투자
VS.
주식투자

아내가 절망한 듯 울분을 터뜨리며 말한다.

"거봐, 내가 부동산 오른다고 했지? 우리 집 옆, 신축 아파트 프리미엄이 2억이나 붙었어! 그때 그 집을 샀어야 했는데…. 아, 정말 우린 맨날 이래."

남편은 미안한 듯 아내를 달랜다.

"주위에 집값이 조금 덜 오른 아파트가 있는지 빨리 찾아보고, 더 오르기 전에 얼른 하나 마련하자. 엊그제 동네 부동산에서도 집값은 계속 오르게 되어 있고, 집을 사야 돈을 모을 수 있다고 하더라고."

집으로 돈을 버는 시대는 끝났다는 말이 항상 들려오지만, 매번 집값은 걷잡을 수 없이 오르고, 또 결국 집값은 올라가게 되어 있다는 말은 부동산 시장에서 흔히 듣는 얘깁니다. 하지만 이러한 상황과 환경들을 제대로 볼 수 없다면 집안 내 부부 간 원망의 파열음은 또 언제 터질지 모를 일입니다. 이런 상황을 제대로 파악하기 위해서 나름의 단계적으로 가설을 세워볼 필요도 있습니다.

첫째, 2020년 코로나 바이러스로 인해 발생된 경제위기 타개를 위한 중앙정부의 경기부양 정책으로, 시중에는 이미 많은 돈이 흘러들어왔습니다. 은행은 저금리로 매우 낮은 이율의 대출상품들을 소개하기 시작했고 돈의 가격이 하락하게 되어 물가 상승으로 이어집니다.

둘째, 물가 상승과 더불어 자산과 같은 부동산 가격도 상승하게 됩니다. 정부는 서민들의 주거안정을 위해 여러 시책을 도입하지만, 시장의 이러한 움직임을 정부의 행정정책으로 막기에는 어느 정도의 한계가 있을 것입니다.

셋째, 부동산이 오른 이유는 여러 가지 복합적인 원인이 있으나 일반 대중들은 정부의 시책만을 탓할 가능성이 큽니다.

넷째, 부동산은 현금의 유동성이 크고, 기업이 보유한 부동산 가치 상승으로 경기부양에 있어 중요한 요소가 될 수도 있습니다.

다섯째, 부동산 가치 상승을 예견해 기존에 이미 많은 집을 사들인 자산가들에게는 더 큰 부가 찾아올 것입니다.

여섯째, 갑작스레 오른 부동산 가격으로 많은 사람이 혼란에 빠집니다. 어떤 이에게는 절망을, 어떤 이에게는 기쁨을…. "내 말이 맞지? 부동산은 오른다니깐"이라는 소리가 여기저기서 들립니다.

일곱째, 부동산이 혹시나 더 오를까 하는 마음에 무턱대고 집을 산 서민들은 더 이상 오르지 않는 집값으로 후회할 수 있습니다. 중앙은행이 물가안정을 위해 시중에 풀었던 돈은 언젠가는 회수해야 되기 때문이죠.

여덟째, 서민들은 '몇 년 기다리면 또 집값이 오르겠지' 하며 무작정 기다립니다. 그러나 금리는 서서히 오르고, 물가도 제자리를 찾아갑니다. 집을 샀기 때문에 어디에 투자할 여력도 없습니다. 기회비용까지 감안하면 이들이 본 손해는 생각보다 클 수 있습니다.

어쨌든, 부동산 가격 상승이란 부의 효과로 소득과 지출이 발생하게 되었고, 경기는 서서히 부양됩니다. 그간에 빈자와 부자 간의 양극화는 점점 더 심해질 수 있습니다. 중산층이 사라진다는 뜻이겠죠.

경제는 소득과 지출이 발생하는 무수한 거래 반복을 통해 생겨난 모순들을 정화하기 위해, 그 규모를 점진적으로 키워야 잘 돌아갑니다. 또한 인간은 더 나은 가치를 찾아야만 하는 유전자적 본성을 드러내며 살아가게 되어 있습니다. 이러한 본성에 기초한 심리적 요동은 어떤 특정한 동기에 의해 시시때때로 변화합니다. 그러므로 이러한 본성을 이용해 돈 버는 게임은 존재할 것입니다. 서민들은 이러한 덫에 걸리지 않기 위해 세상을 보는 사고 능력을 키워야 합니다. 그렇지 않으면 양식장에서 길러지고 있는 한낱 물고기에 불과할 수 있습니다.

부동산 투자를 폄하하거나 하지 말아야 한다고 이야기하는 것이 아닙니다. 최소한 부동산 투자가 건전하게 되기 위해서는 소득과 지출이 정부의 시장 조작 등에 의해서 이루어져야 하는 것이 아니라 시장 자체의 자생력으로 이뤄져야 한다고 생각합니다. 저는 부동산 투자 종잣돈 마련을 위해 우리에게 근로소득을 제공해주는 기업이 우선이라는 생각이 듭니다. 즉 기업의 이윤창출과 공정한 분배야말로 시장 건전성을 향상하는 방법이 아닐까요? 그러므로 정부도 이러한 기업들이 성장, 발전할 수 있도록 하는 것이 먼저일 것입니다. 그래서 저는 주식 투자가 부동산 투자보다 더 의미 있다고 생각합니다.

실제로 과거로부터의 지혜를 빌리면 부동산의 가치 상승보다 주식의 가치 상승이 훨씬 더 높았습니다. 국내 유명 자산운용사나 미국 JP모간이 정기적으로 발행하는 〈가이드 투 더 마켓 (Guide to the market)〉에서도 객관적 지표를 제공하고 있습니다. 저는 이것이 '건전한 소득 증가의 주체는 바로 기업이었다'는 사실을 방증해준다고 생각합니다. 또한 부동산을 객관적으로 평가하는 것보다 기업을 객관적으로 평가하기가 더 쉽습니다. 대개 부동산은 국한된 지역 중개인들의 주관적 의견이 강하게 작용하기 때문입니다.

반면 기업은 여러 분야의 애널리스트, 기업 관계자, 회계상의 지표, 언론 보도, 기업분석 전문가 등으로부터의 정보를 쉽게 찾아보고 개인 스스로가 객관적인 판단을 내리는 데 유리합니다. 주식과 부동산 투자 모두 의미 있고 소중한 재테크 수단입니다. 둘 다 경제라는 울타리 안에서 높은 상관관계를 가지고 있지만, 경제의 실제적 건전성과 그 선후관계를 따져 볼 때, 기업투자에 대한 배움이 선행되어야 한다고 보는 것입니다. 부동산 공부는 자연스레 따라오게 되는 것이죠. 기업을 배우는 것은 세상을 더 멀리, 더 높게 보는 방법이기도 합니다.

03.
투자에서
100패는 기본이다

투자에서 알아야 할 것 중 하나가 바로 승률입니다. 게다가 100패는 기본이라는 것도요. 한해 주식시장이 열리는 일수를 대략 240일(보통 제조업에서 조업일을 기준으로 하는 수치)로 잡았을 때, 주식의 방향은 어쨌든 오르든지, 내리든지 둘 중 하나입니다. 게임처럼 주식에도 승과 패가 있다고 가정해 보겠습니다. 만약 괜찮은 기업을 선택했다고 가정하면, 보통 패보다 승이 더 높을 것입니다. 그러므로 이 게임에서 이기기 위해서는 좋은 기업을 선택하는 것이 선행되어야 합니다. 좋은 기업(종목)을 선택하기 위해서 우리에게 주어진 정보는 많습니다. 대표적인 확률

게임인 야구를 예를 들어본다면, MLB의 LA 다저스는 좋은 팀이라는 것을 누구나 압니다. 최근 서부지구 우승은 언제나 LA 다저스였습니다. 대개 자본으로 통제된 통계를 거스르는 것은 어려운 일입니다. 그러나 우리는 기업을 살펴볼 때 LA 다저스를 보는 것만큼 전력 분석을 하지 않습니다. 즉 전력을 분석할 정도의 관심이면 좋은 기업을 선택할 수 있다고 봅니다.

야구의 승패를 통해 주어지는 값은 +1 또는 -1로 정해져 있습니다. 그러나 투자에 있어서의 승패로 주어지는 값은 언제나 통제할 수 없는 변수이죠. 그러나 투자라는 게임을 쉽게 설명하기 위해서 승을 +1%, 패를 -1%라고 가정해보겠습니다. 1년에 정해진 경기는 240게임입니다. 1년 동안 워런 버핏의 평균 수익률인 20%를 내려면 130승 110패를 해야 가능합니다. 운이 좋아 20%가 아닌 40%의 수익률을 낸다면 140승 100패입니다. 사실 이는 투자에 있어 엄청난 성과죠. 투자에 있어 100패는 어쨌든 기본입니다.

새롭게 투자하는 사람들은 240경기가 진행되는 어느 한 점에서 시작하게 됩니다. 그러다 보면 시작부터 연패를 당할 수도 있고 운이 좋아 연승을 할 수도 있습니다. 그러나 대개 승리할 확률과 패배할 확률은 앞서 말한 바와 같이 비슷합니다. 그러므로 승리하는 기쁨의 수만큼 불행이나 스트레스를 높이는 감정의 수도 필연적으로 상응한다는 것을 알아야 합니다. 저는 그래서 100은 기본적으로 진다고 생각하며 마음을 비우려고 노력합니다. 객관적인 판단을 하기 위해서 투자의 게임 수를 늘리는 것이 중요하다는 것도 알게 되었습니다. 시간에 대한 인사이트를 얻는 것입니다.

실전에서는 1+1=2가 아닙니다. 복리라는 개념이 있기 때문인데, 반대 경우에도 적용됩니다. 예를 들면, 몇 년간 노력한 끝에 수익을 100% 달성했다고 할 때, 다음 해 수익률이 -80%가 된다면 어떨까요? 그간의 수익금 전체를 날리는 것을 넘어 투자한 원금의 60%가 사라지게 됩니다. 그러므로 위의 논리는 실전 그대로 100% 적용되는 것은 아니라는 점을 참고해야 합니다. 그래서 돈을 잃지 않는 투자가 중요하다는 이야기가 나오는 것입니다.

투자를 잘하기 위해서 금융시장을 올바르게 이해하는 것보다 더 중요한 것은 인간 심리에 대한 관찰입니다. 투자란 무엇일까요? 던질 投(투), 재물 資(자)로, 돈을 던진다(투입한다)는 의미입니다. 과거에 돈을 던진 결과가 현재의 Profit/Loss로 나타나고, 계속 보유할지 매도할지는 해당 투자 대상의 방향성이 Up/Down인지에 따라 결정됩니다. 주위에 많은 투자하는 사람들을 보면 과거에 얼마에 샀고 현재의 수익률이 얼마인지를 계속해서 신경 쓰는 등 집착하는 경향성이 있습니다. 심지어 이를 기준으로 삼아 매도 등의 의사결정을 하는 경우도 많습니다. 현재의 수익률이 플러스든 마이너스이든 미래 전망이 밝다면 보유 또는 추가 매수이고 반대의 경우 매도 아닐까요?

투자는 과거지향적인 사람은 Loser가 되고 미래 지향적인 사람이 Winner가 되는 시장입니다. 우리나라 사자성어 중에 인생은 새옹지마라는 말이 있습니다. 하지만 투자의 세계에서는 '주가가 올랐으니 떨어지고, 떨어졌으니 오를 것'이라는 생각은 완전히 틀린 아이디어입니다. 생각보다 더 오르는 경우가 훨씬 많았고, 예상보다 더 떨어지는 경우도 수없이 경험했습니다. 투자는 새옹지마가 아니라 트렌드를 가지고 움직이는 커다란 물줄기와 같습니다. 투자를 잘하기 위해서는 미래지향적으로 생각해야 하고, 새옹지마의 마인드가 아닌 투자를 하나의 방향성을 가진 트렌드로 이해해야 합니다.

04.
직장인을 위한
생존투자법

'나름대로 금융 공부도 하고 종목 뉴스도 많이 본다고 생각했는데, 왜 투자수익은 계속해서 마이너스일까? 도대체 이유가 뭐지?'

제 과거 주식투자 실패 과정을 돌이켜보면 크게 두 단계 정도로 나눌 수 있을 듯합니다. 첫 번째는 여기저기서 들려오는 단순 호재를 참고해서 손익계산서의 매출액, 영업이익 등만 보고 투자에 대한 의사결정을 내렸다는 점입니다. 기업 가치에 대한 개념이 없었고 단순히 앞으로 기업에 어떤 호재가 있을 것이라는 이벤트에만 초점을 맞춰서 투자를 결정하는 식이었죠.

판단에 대한 명확한 기준이 없었고, 당연하지만 결과에 대한 분석도 없었습니다. 제대로 된 실패를 했다면 그로부터 배움이 있고, 배움을 토대로 성공 확률을 높일 수 있었을 겁니다. 하지만 제가 과거에 했던 이런 방식은 실패라는 단어조차 갖다 붙이기 부끄러울 정도의 투기, 도박에 가까운 행위였음을 깨달았습니다. 안타깝게도 주식투자를 하는 많은 직장인들이 저처럼 투자에 대한 의사결정을 단순히 가격이나 매출액, 이익 등으로 판단하고 있기에 저와 같은 실수를 반복하지 않았으면 하는 마음입니다. 주식은 투기가 아닌 투자의 방식으로 접근해야 합니다. 단순히 더 낮은 가격에 사서 높은 가격에 파는 것이 아니라 기업의 지분 증서로 받아들여야 하는 것이죠. 그러기 위해 절대 가격이 아니라, 기업의 가치 대비 가격이 어느 수준인지에 대한 학습이 반드시 선행되어야 합니다.

둘째는 실패에 대한 원인을 나 자신에게서 찾지 않은 것입니다. 제가 잘못해서라기보다는 내가 해서 안 되니까 전문가에게 맡겨보자고 생각했던 것입니다. 결과적으로 아주 바보 같은 생각이었죠. 많은 증권 방송에 소위 전문가라 불리는 사람들이 등장합니다. 분기에 100만 원이라는 적지 않은 금액을 내고 그 사람을 믿어보기로 했습니다. 결과는 역시나 참담했습니다. 막연히 '전문가는 다를 거야, 개인투자자는 정보가 부족하고 실시간 대응이 힘들기 때문에 안 되는 거야'라고 생각했던 게 화근이었습니다. 이제 와 돌이켜보면 '과연 주식투자에 전문 가라는 사람이 있을 수 있을까?' 하는 생각이 듭니다. 버핏도 자신을 주식투자자가 아니라 사업 분석가라고 했습니다. 제가 생각했던 전문가는 주가를 예측해서 수익을 얻을 수 있는 사람 이었습니다. 버핏의 말에는 '주가는 예측할 수 없다'라는 배경이 깔려 있는 것이고 주가에 초점을 맞춰서는 주식투자에서 성공 의 달콤함을 맛보기 어렵다는 의미입니다.

우리는 주식의 주가보다 기업의 이익에 반드시 집중해야 합 니다. 주식은 기업 이익의 함수임을 절대 잊지 말아야 하죠. 가치평가 관련 모든 공식의 아버지라 불리는 존 버 윌리엄스 (John Burr Williams)는 그의 책 『투자 가치 이론』에서 "기업의 가치는 기업의 미래 벌어들일 현금흐름을 적절한 할인율로 할 인하는 것이다"라며 주가를 결정하는 것은 기업의 현금흐름(매 출, 이익)과 할인율 딱 두 가지라고 했습니다. 우리는 무수히 많 은 소음과 정보들을 해당 모델에 적용해 어떤 영향을 가져올지 생각하면 되는 것입니다. 예를 들어, 북한이 미사일을 쏜다는 뉴스로 인해 주가가 내려간다면, 분모의 할인율(위험)이 올라감 으로 인하여 시장에서 할인율을 높인다고 생각하는 것입니다 (할인율이란, 미래 돈의 가치를 현재와 같게 하는 비율입니다). 이 외에도 많은 기업 가치 평가 모델이 존재하지만 주가의 움직임에 있어 우리는 존 버 윌리엄스의 기업 가치 할인 모형에 반영하여 생각하는 것이 좋습니다.

개인투자자는 정보 접근성이 떨어지기 때문에 전문가가 더 유리할까요? 저는 그렇지 않다고 봅니다. 우리나라 상장사는 모든 정보를 금융감독원에서 운영하는 전자정보 공시시스템에 공시하도록 규정되어 있습니다. 개인이 모르는 정보는 있을 수 없으며, 이런 내부정보를 가지고 매매하여 이익을 얻는 행위는 불법으로 처벌받게 되어 있습니다. 결론적으로, 개인이 알 수 없는 정보란 있을 수 없는 것이죠. 따라서 제가 얻은 결론은 주식투자라는 달리기 시합에 있어서 출발선은 일반인이나 전문가나 동일하다는 것입니다. 다만, 공시되는 정보를 해석해서 결국 기업 가치에 어떻게 영향을 미칠지를 분석할 수 있는 분석력이 관건이라 할 수 있습니다.

최근 들어, 야구와 투자가 참 비슷하다는 생각이 듭니다. 대한민국 대표 MLB 투수 류현진 선수의 인터뷰 내용을 보면 그날의 호투와 부진에 대한 이야기를 할 때 가장 많이 거론되는 것이 바로 제구력입니다. 실제로 제구력에 영향을 미치는 원인은 구속, 타자들의 선방, 상대팀에 대한 분석력 부족, 익숙지 않은 원정 등으로 다양할 수 있습니다. 류현진 선수는 대개 제구력에서 경기 부진의 원인을 찾고, 어떤 선수와 상대하더라도 동일한 투구폼을 유지해 포수의 미트로 최대한 정확하게 던지는 것을 원칙으로 합니다.

투자에도 동일한 접근법이 필요하다고 생각합니다. 정해진 접근법을 가지고 정확하게 분석하여 투자하는 자세가 필요합니다. 만약 자신의 의사결정이 틀렸을 경우(마치 투수가 좋은 공을 던졌음에도 안타 또는 홈런을 허용하듯이) 이를 인정하고 복기해보고 반성하는 자세가 필요합니다. 투자에 있어서 제가 할 수 있는 부분은 현재 해당 기업이 과거의 실적 결과와 미래 예상치 대비 고평가되어 있는지, 저평가되어 있는지를 측정하고 매수 또는 매도 여부를 판단하는 것입니다. 이런 과정을 거치더라도 분명히 손실이 발생합니다. 투자를 대하는 자세에 있어서 이런 과정을 필연의 과정으로 받아들이고 다음을 생각하는 것이 투자수익률 측면에서도 훨씬 좋은 자세입니다. 다음은 특히나 투자에 있어서 우리의 뇌와 실제 행동이 얼마나 다르게 실행되는지를 보여주는 좋은 예입니다. A기업과 B기업을 1,000만 원씩 각각 투자했는데 A기업에서는 10% 수익이 났고 B기업에서는 10% 손실이 발생했습니다.

향후 미래를 분석해 보니 A기업은 더 좋아질 가능성이 크고 B기업은 그렇지 않아 보일 경우, 우리는 어떤 의사결정을 내려야 할까요? 당연히 B를 매도하고 A를 더 사는 것이 합리적 의사결정입니다. 하지만 우리 대부분은 손실 회피 심리 때문에 수익이 난 A기업을 매도하고 B기업을 사서 매수단가를 낮추려고 합니다. 이는 아주 잘못된 투자 습성입니다. A기업을 팔고 B기업을 사서 B기업 주식의 가격이 올라주면 다행이지만, 그렇지 않을 경우 많은 기회비용으로 이어져 결국 투자실패로 귀결되는 경우가 종종 발생합니다.

이런 투자심리는 인간의 본성에서 비롯되죠. 기본적으로 인간은 수익에 대한 기쁨보다 손실에 대한 두려움에 훨씬 더 민감하게 반응하는 경향 때문입니다. 이런 본성을 극복해야 투자 성공으로 이어질 수 있습니다. 대중을 따르지 않고 인간 본성을 거스를 수 있는 의사결정을 해야 투자를 통한 수익으로 이어질 수 있음을 명심해야 합니다.

저는 과거에 Price Band만을 보고 기업실적보다는 기술적 분석을 통하여 수급에 의존한 투자를 하고 있었습니다. 이 방식이 잘못된 것임을 깨닫는 데까지 오랜 시간이 걸렸죠. 달리 말하면 손실을 보면서도 이를 인정하려 하지 않았고 반성하지 않았습니다. 계속 악순환이 반복되었고 이는 결국 계속되는 투자 손실로 이어졌습니다. 문득 '짧지 않은 세월 동안 나름대로 노력해 왔는데 수익을 얻지 못했다면, 나에게 뭔가 문제가 있을 수 있겠다는 생각이 들었습니다. 기업의 실적보다는 기술적 보조지표와 Price Band를 주로 보았으며 최대한 많은 종목을 알려고 했습니다. 과거에는 많은 종목을 아는 게 좀 있어 보인다며 큰 착각 속에 빠져 있었던 것 같습니다. 기업을 수치화해서 보려 하지 않고 쏟아져 나오는 뉴스들을 최대한 많이 보고 그중에서 좋아 보이는 뉴스가 있으면 막연히 '좋아지겠지'라는 두루뭉술하고 비합리적인 판단을 해왔습니다. 지금도 주위에 보면 여기서 크게 벗어나지 않은 투자자들을 어렵지 않게 보곤 합니다.

주식투자로 돈을 벌 수 있다는 전제가 틀렸다고 생각해 본 적은 없기 때문에, 어느 시점부터는 원인을 나 자신에게서 찾으려 했습니다. 제대로 된 책을 읽기 시작했고 잘못된 투자 습성에 대해 고민하는 시간을 많이 가졌습니다. 기술적 분석으로 돈을 벌 수 있을까요? 물론 기술적 분석으로 돈을 버는 사람들이 분명 있습니다. 하지만 저를 포함해 대다수는 그렇지 못합니다. 왜 그럴까요?

기술적 분석은 주식을 수급으로 분석하여 투자에 대한 의사결정을 내립니다. 수급은 주식시장 개장부터 마감까지 계속해서 일어나기 때문에 한시도 눈을 뗄 수가 없고 이는 투자를 상당히 피곤하고 불편하게 만듭니다. 기술적 분석에 대해 제가 내린 결론은 트레이더와 트레이더 간의 거래입니다. 말 그대로 수급, 거래에 초점을 맞추기 때문이죠. 그렇다면 어떤 투자를 해야 할까요? 나 스스로를 투자자라고 생각했지 트레이더라고 생각해 본 적이 없었습니다.

투자자라면 기업에 투자를 해야 하고 기업투자로부터의 성과를 나누는 자세가 필요합니다. 따라서 기술적 분석이 아닌 기본적 분석으로 전환해야겠다고 결심했습니다. 기본적 분석은 현재 경제 상황을 판단하여 투자처를 선택하고, 가격이 아니라 가치 대비 가격으로 의사결정하는 거라 생각합니다. 단순 가격을 보는 것과 가치 대비 가격을 보는 것은 얼핏 봐서 큰 차이점이 없어 보일 수 있지만, 이 작은 것이 투자성과에서는 아주 큰 차이를 나타냈습니다. 투자를 잘하기 위해서 가격과 수급에 초점을 맞추기보다 기업과 실적에 초점을 맞춰야 합니다. 트레이더가 되지 말고 투자자가 되어야 합니다. 기업을 많이 알면 수익률이 올라갈 거라는 것도 제 경험상 그렇지 않습니다. 대한민국 상장 기업은 2,291개입니다(2020년 8월 기준). 100만 원을 투자해서 수익률 100%면 100만 원 수익, 200%면 200만 원 수익입니다. 단기적으로 기분 좋을 수 있지만 길게 놓고 보았을 때 사실 크게 의미 없는 금액입니다.

그렇다면 왜 100만 원밖에 투자하지 못했을까요? 그 기업을 성실하게 분석하지 못하여 확신이 없기 때문입니다. 투자는 과거 지향적인 태도보다 미래 지향적인 것이 좋습니다. '아 그때 더 큰 금액으로 투자했어야 했는데' 등의 말은 아무짝에도 쓸모없는 이야기입니다. 종종 이런 말을 하는 사람들을 봅니다. "거봐, 내가 그 주식 오른다고 했지?" 정작 이 말을 뱉은 사람은 사지 않은 경우가 많습니다. 모두 의미 없는 이야기입니다. 우리는 기업의 현재를 수치에 근거해 분석하고 그 기업의 미래를 합리적으로 추정할 수 있을 때 비로소 의미 있는 수익을 거둘 수 있습니다.

미래를 합리적으로 추정할 때 애널리스트 보고서를 참고하는 게 좋습니다. "매도 의견은 없고 오로지 매수밖에 없다"는 등 대한민국 애널리스트 보고서를 분별없이 비판하는 경우가 있습니다. 저 또한 무작정 대한민국 애널리스트의 보고서를 등한시한 경험이 있지만 지금 생각해보면 참으로 어리석었다는 생각이 듭니다. 대한민국 모든 애널리스트의 보고서를 종합한 사이트를 보면, 매도 리포트는 찾아보기 힘들지만 각 애널리스트의 목표주가를 하향시킴으로써 우리는 해당 애널리스트의 의견을 합리적으로 추정해볼 수 있습니다. 관심 기업군을 좁히고 정한 기업에 대해 많은 리포트를 읽는 것이 계좌 수익에 훨씬 도움을 줄 수 있습니다. 해당 기업이 속한 산업리포트를 읽을 수 있으면 더할 나위 없이 좋고요. 폭보다는 깊이에 집중해야 합니다. 깊이가 훨씬 더 중요합니다.

뉴스를 많이 보는 것은 주식투자에 도움이 될까요? 저는 과거에 뉴스를 많이 보면서 기업분석을 열심히 한다고 착각했습니다. 뉴스를 많이 본다는 것은 이런 착각에 빠지기 쉬운 것 같습니다. 뉴스를 볼 때 이 뉴스가 기업의 근본 가치에 영향을 미치는지에 대하여 고민해 보고, 그렇지 않을 경우에는 과감히 버리는 게 좋습니다. 예를 들어, 삼성전자의 50:1 액면분할 뉴스가 나왔다면 이는 호재일까요, 악재일까요? 주식 가격이 50분의 1로 줄어들고 주식 수가 1주가 50주가 되는 것 이외에 달라지는 게 없기 때문에, 기업 가치에는 변화가 전혀 없습니다. 단지 유통주식 수가 늘어나기 때문에 개인투자자의 접근성이 좋아질 수 있겠지만, 그 이상의 효과는 없습니다. 이 외에도 수많은 뉴스가 매일 쏟아지고 각 주식 토론방에서는 근거 없는 소문이 난무합니다. 이 방에 시간을 투자하는 것은 수익률 개선에 전혀 도움이 되지 않습니다. 뉴스를 보되 기업 가치에 영향을 미치는지 자신만의 기준을 두고 이를 구분할 줄 알아야 합니다.

국가 → 산업 → 기업 순으로 투자처를 좁혀 보는 것이 하향식 접근법(Top-down), 기업 → 산업 → 국가 순으로 넓혀 보는 것을 상향식 접근법(Bottom-up)이라 합니다. 정답은 없지만 저는 하향식 접근방식을 더 선호합니다. 아무리 훌륭한 기업이라 하더라도 해당 기업이 속한 산업이 성숙기 또는 후퇴기에 있을 경우 지속적으로 성장하기에는 어려움이 있기 때문입니다. 또한 기대수익률이 높은 국가를 선택해서 투자할 필요도 있습니다. 어디가 가장 높을까요? 시가총액기준 가장 큰 은행인 JP 모간에서 분기별로 발간하는 'Guide to the market'을 참조하면 답을 얻을 수 있습니다.

보통 PER가 낮으면 기대수익률이 높다고 생각할 수 있습니다(PER의 역수가 자금 회수 기간과 기대수익률도 통용되는 경우가 있다). 하지만 서두에도 언급했듯이 중요한 것은 결국 'ROE'입니다. ROE는 PBR을 PER로 나누어 산출합니다. 다음 표와 같이 우리는 국가별 ROE를 추정해 볼 수 있는데, 계산해보면 미국이 15.5%로 가장 높고, 한국이 7.3%로 가장 낮은 것을 확인할 수 있습니다. 언뜻 PER만 보게 되면 한국이 PER와 PBR이 가장 낮기 때문에 기대수익률이 높다고 판단할 수 있지만, 실제로 ROE를 기준으로 보게 되면 미국의 기대수익률이 가장 높습니다.

(출처 : JP Morgan Guide to the Market 3Q 2020)

구분	미국	유럽	일본	중국	한국
PER	21.9배	18.7배	15.5배	13.6배	12.4배
PBR	3.4배	1.7배	1.6배	1.9배	0.9배
ROE	15.5%	9.1%	10.3%	14.0%	7.3%

물론 한국에서 성장하는 산업이 있고 수익을 내는 기업들이 많습니다. 하지만 확률적 수치로 보았을 때 미국 기업들이 경쟁력 있다는 것은 직관적으로도 알 수 있고 수치로도 확인이 가능합니다. 실제로 우리 주변을 둘러보면 어떠한가요? 가장 많이 사용하는 앱이 카카오 다음으로 유튜브인 경우가 많고(참고로 유튜브는 구글의 자회사) 아이폰을 사용하며 스타벅스

커피를 마시는 것이 아주 일반화되었습니다. 당연하지만 성장하는 산업에 투자해야 투자수익을 올릴 확률을 높일 수 있습니다.

대한민국의 산업발전은 산업화 초반 경부선 중심의 수출주도 전략으로 창원, 울산, 포항 등이 주도하는 제조업 기반이었습니다. 이 때문에 해당 지역을 중심으로 고급 일자리가 많이 생겨났으며 결과적으로 부동산 상승률이 기타 지방 도시보다 높았습니다. 미국의 경우 과거 동부지역의 보스턴, 뉴욕을 중심으로 고급 일자리가 많았으며 부동산 가격 상승률도 높았습니다. 지금은 어떨까요? 과거에는 미 동부 뉴욕 부동산 가격이 가장 높았던 반면 현재는 미 서부 시애틀과 샌프란시스코 부동산 가격이 훨씬 높은 것을 확인할 수 있습니다. 여기서도 투자 아이디어를 얻을 수 있습니다. 다른 요인도 분명 있겠지만 부동산 가격이 오르는 데는 고급 일자리에 대한 수요가 많다는 점이 영향을 끼칩니다. 4차 산업혁명은 미국 서부를 중심으로 일어나고 있음을 인지하고 성장성이 높은 기업에 투자하는 것이 합리적이라 생각합니다.

투자 가능한 국가군을 놓고 보았을 때 가장 수익성이 높은 국가는 미국이며 특히 4차 산업혁명은 대부분 미 서부에서 일어나고 있습니다. 그렇다면 우리의 자산도 성장하는 산업과 기업에 배분되어야 합니다. 무주택자가 우리나라 부동산 가격이 오르면 상대적 박탈감을 느끼듯이 평범한 직장인도 성장하는 기업으로부터의 부를 나눠 갖지 못하고 있다면 동일하게 느끼고 이에 대비할 수 있어야 합니다. 우리나라 기업 중에서도 변화의 흐름에 잘 대비하고 지속 성장하는 기업을 찾을 수 있겠으나 확률적으로 미국에 성장하는 기업의 수가 훨씬 많기 때문에, 결국 투자를 통해 수익을 얻고자 하는 투자자 입장에서는 미국의 성장산업이 매력적일 수밖에 없습니다. 더구나 우리나라는 B2B 기업이 많고 미국은 B2C 기업의 수가 많은데, 상대적으로 B2B 기업은 가격결정권이 없는 경우가 많습니다. 따라서 안정적이고 지속적으로 성장하는 기업에 투자한다면, 미국의 대표 기업들에 일부 자산을 배분하는 것이 좋은 대안일 수 있습니다.

05.
수익률을
끌어올리는 분석법

좋은 기업에 투자해서 수익을 얻기 위해서는 기본적 분석가
가 되어야 한다는 것을 부정하는 사람들이 있습니다. 기술적
분석으로 충분히 수익을 올릴 수 있다는 지인들이 제 주변에
도 아직 많습니다만, 이들이 돈을 벌었다는 소리는 지금도 들
어보지 못했습니다. 매번 단타에 매진하다 돈을 벌었다 잃었다
하길 되풀이하다 보면, 시간은 시간대로 쓰고 수익은 보잘것없
어집니다. 기술적 분석은 간단히 말해 주식의 차트를 보고 미
래를 판단하는 것입니다. 하지만 차트는 과거 자료이며 사후 분
석으로만 활용하는 것이 좋습니다. 결국 죽은 자료를 가지고

분석한다는 것인데, 과연 이것만으로 미래를 예측해서 수익을 낼 수 있을까요?

캔들 차트를 보면 주가 움직임에 대한 사람들의 심리가 어땠었는지를 분석할 수 있습니다. 그리고 그 심리의 신뢰성은 거래량으로 봅니다. 과거를 알아보는 것도 중요합니다. AI도 과거로부터 미래를 예측하는 시스템이니 아무런 의미가 없다는 뜻은 아닙니다. 다만 필요조건이 될지언정 충분조건은 될 수 없는 것입니다. 경험상 기술적 분석에 올인하는 사람들 대부분의 공통적 특징은 자신이 산 주식을 항상 믿지 못한다는 사실입니다. 그러니 투자금액도 적어질 수밖에 없고 더구나 높은 수익률을 내더라도 수중에 돈은 없지요.

상장된 주식회사의 주가는 매일 오르고 내리고를 반복합니다. 많은 사람이 오르는 이유와 내리는 이유를 찾으려고 애씁니다. 일 단위의 주가 변동을 설명하기 가장 좋은 방법은 수급입니다. 기업의 가치가 일 단위로 변동되는 경우는 극히 드물기 때문에, 가치에 변화가 없는 가격의 변동을 설명하려면 매수세보다 매도세가 우위에 있음을 설명하는 것이 맞을 겁니다. 기술적 분석은 이러한 수급을 토대로 미래의 주가를 예측하려 하고 과거의 주가를 설명합니다. 대전제는 '수급은 재료에 우선한다'는 것이며, 이런 콘셉트로 가격이나 거래량으로 심리를 분석해서 주가를 예측하고 설명합니다.

이와 비교되는 분석법이 기본적 분석인데, 이는 기업의 내재가치와 현재 주가를 토대로 의사결정을 합니다. 상향식 분석(Bottom-up)에서 기업의 재무제표에서 의미 있는 Data를 추출하여 분석하고, 하향식 분석(Top-down)으로 거시경제 지표를 분석합니다. 기본적 분석은 기술적 분석에 비해, 일 단위로 변동하는 주가를 설명하기에는 부족합니다. 하지만 중장기 미래에 대한 예측력은 훨씬 뛰어납니다. 기술적 분석은 눈으로 투자, 투자 행위자들(주체)을 연구하는 것이며, 기본적 분석은 뇌로 투자, 투자 대상 기업(객체)을 연구하는 것입니다. 투자 대상인 기업을 연구해야지, 투자 행위자들을 연구해서는 수익을 얻기 힘듭니다.

재화나 금융상품은 우리가 사고파는 것입니다. 재화인 자동차를 예로 들면, A차를 3천만 원에 샀을 때, 이 차의 현재 가치를 현재 가격으로 매수하는 것입니다. 여러 채널을 통해서 이 가격이 싼지 비싼지를 쉽게 알 수 있습니다. 그래서 일반 재화는 싸다, 비싸다를 구분하기가 쉽습니다. 하지만 금융상품은 현재 가격으로 미래의 가치를 사는 것입니다. 그렇기 때문에 현재의 가격이 미래의 가치 대비 싼지 비싼지 알아야 올바른 투자를 할 수 있는 것이죠. 이러한 이유 때문에 많이 하락한 주가를 충분히 좋은 가격에 매수했다고 생각했음에도 불구하고 더욱더 하락하는 일이 비일비재하게 발생하는 것입니다. 주식을 포함한 금융상품을 사고팔 때와 일반 재화를 사고팔 때와는 전혀 다르다는 것을 명심해야 합니다.

주식시장의 경우 단일종목을 단기로 투자한다면 가격이 '비효율'적이고 복수의 종목을 장기로 투자한다면 '효율적'일 것입니다. 올 한 해 100% 수익이 나고 다음 해에 50% 손실이 나면 총수익률은 몇 %일까요? 0%입니다. 반대로 10% 수익이 나고 10% 수익이 난다면 총수익은 21%가 됩니다. 우리가 투자를 장기적인 관점에서 해야 하고 변동성을 낮추려는 노력이 필요한 이유입니다. 수익률을 극대화하기 위한 방법을 좀 더 구체적으로 살펴보면 이렇습니다.

첫 번째, 반드시 장기적으로 복리로 운용해야 합니다. 단리로는 돈이 불어나질 않습니다. 투자에 투입된 자금은 계속해서 재투자가 되어야 자산이 불어나는 효과를 가질 수 있습니다.

두 번째, 변동성을 낮춰야 합니다. 그러기 위해서 ETF도 좋은 대안일 수 있습니다. 앞서 언급했던 미국 성장주 투자의 경우에도 한 개의 기업을 선택해서 큰 금액을 투자하기에는 어려움이 있습니다. 비효율적이고 변동성이 크기 때문이죠. 국내 투자자들도 많이 알고 있는 ARK 자산운용사의 경우 파괴적

혁신 기업들에 투자한다는 콘셉트로 ETF를 운용하고 있습니다. 이런 자산군들로 구성된 ETF를 장기로 투자하는 것도 좋은 대안일 수 있습니다.

세 번째, 누울 자리를 보고 다리를 뻗어야 합니다. 대표적으로 투자 가능한 자산군이 주식, 부동산, 채권, 원자재 등이 있습니다. 현재 경제 상황을 잘 이해해서 적절한 비율로 자산 배분을 해야 하며 현재 경기를 가장 잘 이해할 수 있는 대표 지표들은 경기, 물가, 금리 등이 있습니다. 경기와 물가가 독립변수이고 이를 감안해서 종속변수인 금리가 결정되는 구조입니다. 따라서 현재 금리는 우리 경제가 어느 상황인지를 가장 잘 보여주는 지표입니다. 최근 2019~2020년을 봤을 때, 금리(FRB가 정하는 미국 정책금리) 고점이 2019년 4월 29일이었습니다. 이 시점부터 1년 동안 미 S&P 수익률은 약 -2%였으며 미국채 10년 국채 가격을 추종하는 ETF인 'TLT'의 수익률은 약 119%였습니다. 주식과 채권 수익률이 큰 차이를 보였는데, 우리가 경제 상황을 이해하고 그에 맞추어 자산 배분을 해야 하는 이유입니다.

06.
어떤 기업에
투자할 것인가

　'어떤 기업에 투자할 것인가'라는 고민에 앞서 기업의 범주를 다음 두 가지로 구분할 필요가 있습니다. 첫째, 기업과 기업 간의 거래와 같이 주로 산업재(중간재)를 거래 대상으로 하는 기업, 둘째, 최종 소비자를 대상으로 하는 기업. 전자가 B2B, 후자가 B2C입니다.

　누군가 "기업투자에 있어 위의 두 가지 범주로 꼭 구분할 필요가 있냐"고 반문한다면 저는 무조건 그렇다고 대답하겠습니다. 투자에 있어 이렇게 구분한다는 것은 상당한 의미가 있다고 봅니다. 저는 웬만하면 잘나가는 B2C 기업에 투자하라고 이야기합니다. 왜냐하면 B2C는 소비자가 직접 느끼고 판단할 수 있는 영역이 B2B보다 훨씬 많기 때문이죠. B2C는 언제나 영악한 소비자들의 날 선 비판과 평가를 한 번에 받습니다. 소비자들은 해당 기업의 재화나 서비스의 가치를 구전이나 사용 등을 통해 평가하고 괜찮다 생각할 때 비로소 지갑을 열게 됩니다. 코카콜라, 삼성전자, 애플, 현대자동차, 넷플릭스 등 우리는 일상 속에서 이들 기업의 가치를 이미 알고 있는 것처럼 말이죠.

하지만 우리나라의 주된 산업인 제조업은 주로 B2B 형태의 기업입니다. B2B는 주로 엔지니어링과 관련된 공산품이며, 공급과 관련된 물류 등 유통산업과도 긴밀하게 연결되어 있습니다. 그렇기 때문에 B2B 기업 종사자들은 동종 산업군의 기업 가치도 어느 정도 알고 있는 부분이 많습니다. 대개 이러한 부류의 사람들은 B2B 기업에 투자하는 경향이 있습니다. 이를 유사성 효과라 할 수 있을 것입니다. 이런 산업재 투자에 빠져 있는 사람들은 B2C 기업에 투자하는 경우가 거의 없습니다. 그리고 대부분 이 유사성 효과에서 쉽게 빠져나오기 힘듭니다.

사실 B2B라고 해서 기업 가치가 B2C에 비해 확연히 낮은 것은 결코 아닙니다. 대기업이며 안정된 공급망과 거래처를 확보하고 있습니다. 문제는 직장인들이 투자 대상 기업의 기술력과 사업성을 자신들이 속한 기업 업무의 지식적 배경만으로 평가하고 투자 여부를 판단한다는 데 있습니다. 이들이 간과하는 것은 소비가 실제 발생되는 시장의 최종 소비자입니다. 단순히 투자하는 기업의 거래 관계, 규모, 매출액, 수익성 등으로 평가하는 것은 적절하지 않습니다. 어쨌든 모든 가치는 시장의 소비자로부터 나오니까요.

B2B 기업은 시장의 수요를 추정하여 생산량(CAPA.)을 정합니다. 결국 소비자가 돌아서면 그 기업은 성장할 수 없습니다. 그래서 저는 B2B 기업을 한계기업이라고 명명합니다. 즉 성장에 있어 어느 정도의 한계가 있다고 보는 것입니다. 기업이 성장하지 못하면 내 투자에 대한 보상을 장담할 수 없습니다. 투자는 그 기업의 미래를 보고 하는 것이기 때문입니다. 시시각각 변화하는 소비자의 마음을 직접적으로 확인할 수 있는 기업은 대부분 B2C 기업이기 때문에, 저는 투자 대상의 기업을 선정할 때 B2C의 관점에서 시작해야 한다는 원칙을 지금껏 고수해오고 있습니다.

주식투자를 위한 기업 선정을 함에 있어서 투자 초보자들이 행하는 실수 중 하나가 Price Band만 보고 좋은 기업의 주식에 투자하는 기회를 상실하는 것입니다. 미국 대표 성장주이자 가치주라 할 수 있는 아마존을 보면 과거 10년 동안 주가가 지속적으로 상승해 온 것을 알 수 있습니다. 과거 10년 동안 무려 10배 가깝게 주가가 오른 것을 보고 사람들은 "주가가 너무 많이 올라서 지금 들어가면 고점 아니야?"라고 판단할 수 있습니다.

다른 투자 대상인 부동산과 일반 재화의 가격이 오르는 데에도 일반적으로 이유가 있습니다. 그렇다면 주가가 오르는 이유는 무엇일까요? 매출과 이익이 증가했거나, 그에 따른 시장 참여자들이 부여하는 Valuation의 증가입니다. 주식 가격만 보고 단순히 많이 올랐으니 투자 대상에서 제외하여 투자기회를 상실하거나 '떨어지면 사야지'라는 판단은 성장하는 기업에 대한 기회 상실 위험으로 이어질 수 있습니다. 흔히 주식시장에서 위험은 베타(가격 변동성)로 측정하는 경우가 있는데, 워런 버핏의 평생 동반자인 찰리 멍거는 "주식의 변동성으로 위험을 측정한다는 말은 미친 소리다. 위험이란 원금을 회복 불가능하게 날려버리는 것이나 충분한 수익률을 얻지 못하는 것이다"라고 이야기했습니다. 대부분 투자를 한 번이라도 해 본 사람들은 공감할 만한 부분입니다.

산업이 성장하는지도 중요한 질문입니다. 2009년부터 시작된 중국발 산업재, 소비재 수요 증가로 국내는 차화정(자동차, 화학, 정유) 시대가 열렸습니다. 이때 각 섹터에 속한 기업들은 기업 고유의 경쟁력과 비교적 무관하게 성장했고 그에 따른 주가 상승도 이루어졌습니다. 지금은 어떤가요? 전 세계 자동차 판매량은 2018년부터 역성장하고 있으며, 중국의 산업구조 재편으로 인한 화학제품 수요 감소 및 친환경 자동차 판매량 증가로 인한 화석연료 수요 감소 등으로 해당 섹터에 속한 기업들의 성장성에 빨간불이 켜져 있습니다.

그럼 현재 성장하는 산업은 무엇인지 꼽아볼까요? 대표적으로 AI, 클라우드, 5G, AR, VR, 자율주행(무인차) 등이 있습니다. 이렇게 성장하는 산업 내의 대표적으로 경쟁력 있는 산업에 투자하면 기업 성장이라는 열매의 과실을 주가 상승으로 얻을 수 있습니다. 그래서 저는 산업을 먼저 보는 것이 중요하다고 생각합니다.

기업의 비즈니스 모델을 이해할 수 있는지 스스로에게 물어보세요. 애플의 수익모델에 대해 알고 계시나요? 과거에는 분명 아이폰 판매에 따른 매출, 이익이었습니다. 지금은 어떨까요? 이미 IT라는 필살기로 시장장악에 나섰습니다. 투자하려는 그 회사는 이익이 꾸준하게 우상향할 수 있을까요? 기업의 절대 이익 규모도 중요하지만, 더 중요한 것은 EPS 및 EPS Growth입니다. 앞서 언급한 잭스 닷컴에서 주가와 EPS의 상관관계를 볼 수 있습니다.

높은 가치를 받는 기업들의 공통점 중 하나가 바로 이익의 확장성입니다. 현재 하고 있는 동일한 비즈니스와 연계하여 기타 재화/서비스나 다른 고객에 적용할 수 있는지 살펴봐야 합니다. 예를 들어, 테슬라의 비즈니스 모델은 전통적인 자동차 업체와 동일하게 자동차 1대를 판매하는 것에 그친다면 지금과 같이 높은 밸류를 받지 못할 것입니다. 테슬라는 기업의 이익을 자동차를 판매하는 데 그치지 않고 자율주행을 위한 자동차용 소프트웨어에 대한 헤게모니를 확보함으로써 이익을 확장하는 것에 대한 부분을 시장에서 높게 평가하고 있다고 봐야 할 것입니다. 하지만 저는 필립 피셔의 책 『위대한 기업에 투자하라』에서 다음과 같은 한 줄의 문구를 읽을 수 있었습니다.

'성공적인 투자자들은 대개 기업 세계의 문제에 원래부터 관심이 많은 사람들이다.'

필립 피셔는 이 한 줄로써 모든 문제에 대한 답을 주었습니다. 기업이란 다양한 성격과 배경을 가진 사람들이 생활하며 일하는 공간입니다. 그리고 기업의 성과는 소속된 사람들에 의해 영향을 받습니다. 근래에는 한 기업의 사람들의 성향이나 문화 등을 파악할 수 있는 앱도 많이 생겨났습니다. 블라인드, 크레딧잡, 잡플래닛 등이 있습니다. 이 사이트에는 해당 기업의 대표의 마인드, 조직 간의 화합 정도, 실제로 일하고 있는 직원들의 평가가 잘 정리되어 있습니다. 그러므로 이러한 사람과 조직 감성에 대한 정보도 온라인으로 쉽게 찾아볼 수 있는 것이죠. 사실 더 정확한 것은 그 기업과 관련된 사람들의 이야기를 직접 들어보는 것입니다.

필립 피셔의 투자 기업 판단 기준에는 이렇듯 사람이 그 중심에 있습니다. 훌륭한 투자자가 되려면 겉으로 드러난 자본주의적인 지표 외에도 기업 세계의 문제에 대해 늘 관심을 가져야 할 것입니다. 기업 생활 속에서의 어떤 편안한 분위기, 사람들끼리 오고 가며 섞는 농담, 회식, 진의가 아닌 위로 등 이 모든 것들이 기업과 관련된 자본의 성장을 위한 것임을 깨닫게 될 것입니다.

변화는 숲을 보면서 시작된다

01. 분산 투자, ETF가 좋다

02. 일상 속에 숨어있는 미국 기업

03. 미국 주식에 열광하는 이유

04. 위대한 기업의 단 한 가지 공통점

05. 아마존으로 본 미국 자본주의

06. 매력적인 B2B 기업을 발굴하라

07. 내가 배당을 받으면 기업은 후퇴한다

01.
분산 투자,
ETF가 좋다

　주식투자를 변동성이 큰 투기판 정도로 치부하는 사람들이 있습니다. 변동성이 크다는 의견에는 동의하지만, 투기판이라는 용어는 왠지 불편합니다. 2013년에 3명의 경제학자가 노벨 경제학상을 수상했습니다. 유진 파마, 라스 피터 핸슨, 로버트 실러 교수죠. 놀랍게도 이 3명은 주식시장에 대한 정의를 각기 다르게 내렸음에도 불구하고 2013년에 공동으로 노벨상을 수상하게 됩니다. 여기서 우리는 주식시장에 대한 한층 더 큰 이해를 해볼 수 있습니다. 유진 파마는 "시장이 효율적이다", 라스 피터 핸슨 교수는 "시장은 비효율적이다"라고 주장했습니다. 로버트 실러는 "단기적으로는 비효율적이지만 장기적으로 효율적이다"라고 주장했죠. 과거부터 지금까지의 주가 흐름을 보았을 때는 로버트 실러 교수의 말이 가장 타당성 있어 보입니다.

최근 10년 중 미국 S&P 지수가 가장 많이 하락한 날짜는 2020년 3월 16일입니다. S&P 지수가 2741.38에서 2,480.64로 무려 12%가 하루에 하락했습니다. S&P 500에 속한 미국 대표 기업의 가치가 하루에 과연 12%나 감소한 것일까요? 그렇지 않습니다. 코로나라는 특수성이 있었지만 로버트 실러 교수의 말처럼 시장은 단기적으로는 비효율적이기 때문입니다. 추가로 최근에는 AI가 발달하면서 자산운용사에서도 펀드매니저를 대신하여 AI가 투자 결정을 하고 펀드를 운영하는 사례가 많습니다. 아래는 ETF 시장규모 추이입니다.

ETF란 Exchange Traded Fund의 약자로 고객들의 자금을 모아 펀드를 조성한 후 이를 상장된 개별 주식처럼 거래할 수 있게 만든 상장지수펀드입니다. 과거에 펀드는 가입/환매를 하는 대상이었다면 지금은 매수/매도가 가능하게 한 것이 ETF의 가장 큰 특징입니다. ETF 시장이 최근 급성장하면서 그 종류도 다양해지고 있는데, 가장 대표적인 ETF는 미국의 경우 S&P를 추종하는 인덱스 펀드이고, 우리나라의 경우 KOSPI200 지수를 추종하는 ETF가 가장 대표적입니다. 미국의 경우 좀 더 세분화시켜서 ETF를 11개 산업군으로 분류하고 있습니다.

No.	산업군		Symbol	Top3 보유종목
1	Consumer Discretionary	임의 소비재	XLY	Amazon.com Inc, Tesla Inc, The Home Depot Inc
2	Consumer Staples	필수 소비재	XLP	Procter & Gamble Co, Coca-Cola Co, Walmart Inc
3	Energy	에너지	XLE	Exxon Mobil Corp, Chevron Corp, ConocoPhillips
4	Financials	금융	XLF	Berkshire Hathaway Inc Class B, JPMorgan Chase & Co, Bank of America Corp
5	Healthcare	건강	XLV	Johnson & Johnson, UnitedHealth Group Inc, Abbott Laboratories
6	Industrials	산업재	XLI	Honeywell International Inc, Union Pacific Corp, Caterpillar Inc
7	Materials	소재	XLB	Linde PLC, Air Products & Chemicals Inc, Sherwin-Williams Co
8	Real Estate	부동산	VNQ	Vanguard Real Estate II Index, American Tower Corp, Prologis Inc
9	Technology	기술	XLK	Apple Inc, Microsoft Corp, Visa Inc Class A
10	Telecom	정기 통신	VOX	Facebook Inc A, Alphabet Inc A, Alphabet Inc Class C
11	Utilities	공급 처리시설	XLU	NextEra Energy Inc, Duke Energy Corp, Southern Co

11개의 대표 섹터들을 경기 상황에 맞추어 어떻게 투자해야 할까요? 물론 정답은 없지만, 미국의 대표 자산운용사 중 하나인 피델리티(Fidelity)에서는 1963~2010년까지 47년 동안의 실증

분석 결과를 토대로 정답에 가까운 해답을 제시하고 있습니다.

경기 사이클에 대한 이해

■ Early-cycle phase (회복기)

- 경기가 침체로부터 빠른 회복이 이뤄지고 경제성장 속도
  가 가속화

- 통화 완화 정책 지속 (금리 인하, 양적 완화)

- 재고 수준은 낮고 매출 성장 가속화

■ Mid-cycle phase (확장기)

- 경제 성장률은 여전히 견고하나 성장률 둔화

- 물가상승

- 경기 정점을 통과

- 중립적 통화정책 (금리인상, 양적완화 지속하나 규모는 축소)

■ Late-cycle phase (수축기)

- 물가상승으로 인한 금리 상승

- 제한적인 통화 정책

- 경제성장률 둔화 및 기업의 재고 증가

■ Recession phase (침체기)

　- 기업이익 감소 및 신용경색

　- 통화 완화 정책 실시(금리 인하, 양적 완화)

　비즈니스 사이클별 각 섹터의 투자 성과는 아래와 같으며 이는 47년 동안의 실증분석 결과를 기준으로 나온 결괏값입니다. 우리나라 대표 지수인 코스피가 1980년 1월 4일 거래소에 최초 상장되어 거래된 지 약 41년이 되었습니다. 이 점을 감안하면 47년은 실제 엄청난 기간 동안의 실증분석 결과로 볼 수 있겠죠.

U.S. Equity Sector Performance Relative to Broader Equity Market (1963-2010)

Early-Cycle Phase	Financials	Cons. Disc.	Info. Tech.	Industrials	Energy	Materials	Cons. Staples	Health Care	Utilities	Telecom	Stock Market (Total Return)
Median	11.5%	11.5%	6.8%	4.1%	-12.3%	3.9%	4.9%	-1.0%	-17.3%	-20.6%	36.3%
Average	7.4%	13.3%	2.7%	7.3%	-11.1%	1.4%	2.2%	-1.2%	-13.6%	-22.6%	31.8%
Frequency*	86%	86%	57%	86%	14%	71%	71%	43%	14%	0%	
Mid-Cycle Phase	Financials	Cons. Disc.	Info. Tech.	Industrials	Energy	Materials	Cons. Staples	Health Care	Utilities	Telecom	Stock Market
Median	-2.9%	1.2%	6.9%	2.7%	3.4%	6.5%	-0.2%	4.8%	-6.7%	-2.4%	11.3%
Average	-2.1%	0.2%	4.5%	3.9%	6.6%	4.8%	-0.6%	2.2%	-5.7%	-3.3%	11.4%
Frequency*	43%	57%	57%	71%	71%	71%	43%	57%	14%	29%	
Late-Cycle Phase	Financials	Cons. Disc.	Info. Tech.	Industrials	Energy	Materials	Cons. Staples	Health Care	Utilities	Telecom	Stock Market
Median	3.8%	-4.9%	-1.4%	1.8%	11.6%	9.9%	8.5%	2.1%	-2.5%	-3.8%	-0.6%
Average	-0.1%	-2.8%	-2.7%	1.7%	7.2%	10.6%	8.1%	6.8%	0.2%	-4.5%	-0.4%
Frequency*	57%	29%	43%	71%	71%	86%	71%	71%	43%	29%	
Recession Phase	Financials	Cons. Disc.	Info. Tech.	Industrials	Energy	Materials	Cons. Staples	Health Care	Utilities	Telecom	Stock Market
Median	-1.5%	-2.8%	-3.1%	-3.0%	-5.0%	6.5%	5.9%	4.0%	4.5%	5.1%	-8.9%
Average	-2.5%	-1.8%	-3.7%	-3.4%	0.3%	4.2%	5.7%	4.8%	3.1%	4.6%	-7.2%
Frequency*	29%	29%	29%	0%	43%	57%	100%	71%	71%	57%	

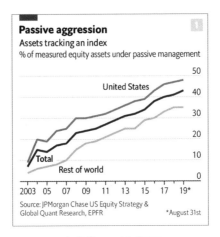

전 세계 ETF 투자규모

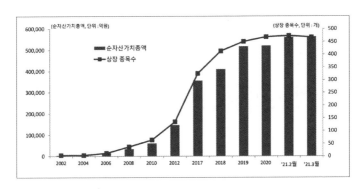

국내 ETF 시장 순자산가치총액

위의 그림에서 보듯이 미국을 포함한 전 세계의 ETF 투자가 늘어나고 있으며, 우리나라도 ETF 거래 규모가 늘어남을 볼 수 있습니다. ETF 운용은 컴퓨터를 통한 자동매매가 이뤄지는 경우가 많으며, 이로 인해 단기적으로 가격이 비이성적으로 움직일 때도 있습니다.

여기서 우리가 한 가지 반드시 알아야 할 점은 주식시장의 큰 변동성은 당연하다는 것입니다. 이 부분을 인지하느냐 아니냐는 투자 의사결정에 큰 차이를 불러올 수 있고, 이는 투자성과로 나타날 것입니다. 큰 변동성을 꼭 피해야만 할까요? 주식시장의 단기적 비이성적 가격 변동을 이해하고 잘 이용만 한다면 투자수익률을 올릴 수 있는 기회로 만들 수 있지 않을까요?

우리가 주가의 변동성을 두려워하는 가장 큰 이유는 주식시장을 잘 모르기 때문입니다. 투자 대상의 본질적 가치가 바뀌지 않고 그 기업이 거래되는 주가가 변동되는 상황을 우리가 두려워해야 할 이유가 있을까요? 미디어에서 종종 '시가총액 증발'이라는 표현으로 기사를 내곤 하는데, 이는 투자자에게 두려움을 줍니다. 하지만 실제로 시가총액이 증발된다기보다는 일시적인 가격 변동 정도로 이해하는 것이 맞습니다. 저의 경우에도 과거에는 매일매일 투자하고 있는 기업과 관심 있는 기업의 일 단위 주가를 확인하느라 시간을 많이 빼앗겼지만, 지금은 주가를 확인하기보다 기업의 실적과 경제의 상황을 파악하기 위해 더 많은 시간을 투자하고 있습니다. 그렇게 되면 투자에 관한 의사결정을 보다 합리적으로 할 수 있고 이는 높은 투자 성과로 이어질 것입니다.

02.
일상 속에 숨어있는
미국 기업

"

    이른 아침, 회사에 출근하기 전 편의점에 들러 간단한 음료수와 빵을 샀다. 결제를 하기 위해 내가 편의점 종업원에게 건넨 것은 비자(VISA) 카드다. 이 카드는 국내뿐 아니라 해외 어딜 가더라도 빠른 시간 내 간편한 결제를 도와준다. 나의 차는 2016년식 GM 스파크 차량이다. 외관은 왜소하지만 가성비는 좋다. 사무실에 도착해 구글 G-mail에 접속해 간밤에 해외로부터 수신된 메일들을 하나씩 확인해 본다. 그리고 사장님께 보고해야 할 자료를 편집하기 위해 마이크로소프트의 엑셀 스프레드시트를 연다. 다시 파워포인트로 정리하고 HP 복합기로 출력된 문서를 가지고 회의실에 들어선다.

　무사히 보고를 끝낸 후 점심을 먹기 위해 회사 주변에 있는 맥도날드로 향한다. 새로 나온 버거 할인 행사로 사람들이 북적거린다. 음료는 당연히 코카콜라다. 식사를 끝내고 남은 휴식시간에는 아이폰으로 제일 먼저 페이스북에 오늘 먹었던 점심 사진을 포스팅한다. 내 페이스북은 인스타그램과 동기화되어 있다. 식사 후 가끔 앱 스토어에서 유료 게임을 다운로드해서 시간을 때우기도 한다.

　오후에는 해외 기업과의 화상회의가 있어 스카이프(Skype)에 접속한다. 세계 어디에서나 공통적으로 사용되고 있는 좋은 서비스임에 틀림이 없다. 갑작스럽게 미국의 출장이 생겨 대한항공과 연계된 델타항공을 예약했다. 출장 전 보내야 할 물품은 미리 페덱스를 통해 발송한다.

　퇴근 후 집에 와서 간단한 운동을 위해 나이키 운동복을 입고 아디다스 신발을 신고 동네 공원으로 나섰다. 운동 중에는 에어팟을 통해 노래를 듣는다. 오늘은 빌보트 차트 상위에 랭크된 애드 쉬런의 'SHAPE OF YOU'를 들었다. 운동이 끝나고 샤워를 한 후 소파에 누워 아마존 클라우드를 통해 송출되는 넷플릭스로 오래된 할리우드 영화를 한 편 본다. 나는 지금 대한민국에서 살고 있다. **"**

미국의 전설적인 투자자인 피터 린치는 일상생활에서 투자 아이디어를 얻어 큰 수익을 올린 것으로 유명합니다. 그는 우리나라에서도 유명한 던킨 도넛을 운영하는 기업에 투자해 10배 이상의 투자수익을 올리게 됩니다. 이런 투자 접근방법은 지금도 유용하며 자신을 합리적으로 설득시킬 수 있고 성공적인 투자의 확률을 높여줄 수 있습니다.

저의 경우에도 처음에는 소비재를 그리고 어느 시점부터는 신선식품까지 온라인 주문을 하게 되면서 e-commerce 관련 기업에 관심을 갖게 되었습니다. 자연스레 미국의 아마존이라는 기업을 알게 되었고 이 기업의 성장성(매출액, 영업이익), 수익성(이익의 지속성과 확장성) 등을 공부해 2016년부터 투자를 시작하게 되었습니다. 2020년에는 수익률이 200%를 넘어섰고 현재의 종잣돈을 만드는 데 크게 기여한 기업 중 하나가 되었습니다. 이런 방식으로 투자를 하게 되면 올바른 투자 결정을 할 수 있습니다.

현재 우리나라 대표 성장 기업은 2차 전지 배터리를 제조하는 기업일 것입니다. 투자를 한 번이라도 해 본 사람들은 투자를 하는 과정에서 끊임없이 그 기업에 대한 잡음이 생기는 것을 경험했을 것입니다. 2차 전지 배터리 제조기업이 생산해서 완성차에 공급한 배터리의 품질에 결함이 있어서 최종 소비자로부터 대량의 리콜이 접수되었고 어떤 기술적 개선이 필요한 상황이라면, 우리는 어떻게 투자 의사결정을 해야 할까요? 사실 기술적으로 전문 지식이 있지 않는 한 표면적으로 알고 있는 내용과 미디어로부터 얻게 되는 얕은 지식으로 의사결정을 하게 되는 경우가 많습니다. 하지만 내가 실제 경험하고 소비하는 B2C 기업은 남의 의견이 아닌 나의 주관을 가지고 스스로 올바른 의사결정할 수 있는 확률이 높아집니다.

03.
미국 주식에
열광하는 이유

최근 코로나 영향 때문인지 미국 주식 매수가 사상 최대를 기록했다는 언론보도가 있었습니다. 비단 우리나라 투자자뿐 아니라, 다른 나라에서도 미국 증시에 이목이 집중되는 듯합니다. 우리나라의 해외주식 투자율은 매우 낮은 편이지만 최근 그러한 경향도 서서히 무너지는 모습입니다. 바로 서학개미의 등장으로 말입니다. 왜 우리는 미국 주식에 열광하는 걸까요?

1) 미국이라는 시장의 크기와 전 세계에 미치는 경제적 영향력(미국의 GDP는 전 세계의 25%, 시가총액은 45%이다.)이 압도적

이기 때문입니다. 미국이 세계시장에서 미치는 영향력에 대해서는 누구나 다 알고 있습니다. 그리고 자체적으로 매우 큰 시장규모를 가지고 있죠. 그렇다 보니 미국에서 장사를 한다는 것은 다른 조그마한 나라에서 하는 것과는 양과 질적으로 다를 수밖에 없습니다.

2) 미국은 세계 1위 기업들이 있는 곳입니다. 전 세계 시장을 독점하고 압도적인 시장점유율을 가진 기업이 한두 군데가 아닙니다. 코카콜라, 애플, 맥도날드, 구글, 테슬라 등 더 이상 설명할 필요가 없는 좋은 기업들이 너무 많습니다. 이 기업들은 투자자들이 장기투자를 할 수 있는 안정적인 여건을 마련해 줍니다.

3) 달러화 기축통화의 세계적인 매력은 앞장에서 설명한 바 있습니다. 미국 주식을 산다는 것은 달러를 매입하는 효과가 있죠. 간혹 미국 주식이 떨어지면 달러화가 상승하여 이를 보완해 주기도 합니다.

4) 잘나가는 기업들을 보면 그 성장률이 매우 뛰어납니다. 미국 주식을 평가하는 항목 중에 ESG(Environmental Sustainability Growth)라는 것이 있습니다. 환경, 지속가능, 성장이라는 측면에서 미국 기업은 이 요건들을 갖출 수 있는 매우 좋은 환경 속에 있습니다. 우리나라의 경우 북한 리스크, 강

대국 간의 갈등 등 여러 요소로 인해 불안정한 면이 큰 반면, 미국 주식은 다소 안정적이고 매년 성장하는 흐름을 보여 왔습니다.

5) 주주 친화 정책을 펼칩니다. 뒷장에서 설명할 아마존의 주주서한에서 살펴볼 수 있듯 미국 기업이 펼치는 주주를 위한 서비스는 감동적인 수준입니다.

6) 우리나라 주식의 경우 하루에도 그 오름폭과 내림폭이 커서 투자자들의 심리를 위축되게 만듭니다. 이들 정보는 실시간으로 이루어지므로 근무 중인 낮 동안에도 계속 휴대폰을 만지작거리며 보게 되죠. 집중력이 분산되고 과도한 스트레스로 이어질 수 있습니다. 반면 해외 주식은 우리가 잠을 자는 동안 매수, 매도가 이루어집니다. 그러므로 상대적으로 덜 신경 쓰이는 것이 사실이고 그러다 보면 장기투자를 지속할 수 있는 가능성도 높아집니다.

7) 사실 미국 주식은 배당금만 잘 챙겨도 투자의 효과를 톡톡히 누릴 수 있습니다. 미국 주식은 분기 배당을 하는 곳이 대부분입니다. 그렇다고 모든 미국 주식들이 다 괜찮다는 것은 아닙니다. 그 속에서도 분명 거품이 있는 기업들이 많을 수 있죠. 그러므로 투자기업을 판단할 때 여러 객관적인 지표를 물색하고 나름의 합리적인 분석을 실시해야 합니다. 해외 기업에

대한 정확하고 다양한 정보를 얻을 수 있는 정보의 원천을 파악하고 그 제한된 합리성의 영역을 늘리는 것이 안전한 투자의 방법이 아닐까 생각합니다.

하지만 과거의 단서들은 아직도 우리에게 많은 이야기를 해주고 있습니다. 애플이나 마이크로소프트의 경우 자사주 매입을 통해 주식의 가치를 의도적으로 상승시켜주고 있습니다. 애플은 단순히 휴대폰을 파는 것이 아니라 소프트웨어 기업으로서의 면모도 점점 드러나고 있습니다. 앱스토어 수수료만으로도 지난해 벌어들인 수익이 수십조에 달한다고 합니다. 이에 뒤질세라, 구글도 애플과 유사한 정책을 펼치겠다며 발 벗고 나섰습니다. 이러한 반독점적 행태에 대해 각국에서는 불편함을 드러내고 있는 상황이지만, 애플이 하는 사업이 휴대폰 생산에만 국한된 것이 아니라는 것을 명확히 알 수 있었습니다.

세계 이커머스 시장의 최강자 아마존은 자사주 매입은 없었지만 과거 10년 전과 비교해보면 주식의 가치는 10배를 넘었습니다. 이 기업은 오로지 실력으로 모든 것을 입증한 것이라 봅니다. 더불어 매년 새로운 투자를 감행하여 신규 사업을 확대해 나가고 있습니다. 특히 AWS(Amazon Web Service) 클라우드 서비스는 향후 4차 산업의 핵심이 될 수 있습니다. 앞으로 기업의 전산 장비들도 없어질 날이 올 것입니다. 그 외에도 아마존은 온라인 약국이라고 불리는 필팩(Pill Pack), 게임과 관련된 트위치(Twitch), 유기농 식료품 홀 푸드(Whole Foods), 홈 시큐리티 업체인 링(Ring), 의류 유통 업체인 자포스(Zappos), 중동의 최대 이커머스 기업인 수크(SOUQ)를 인수하며 새로운 사업을 지속적으로 넓혀가는 중입니다.

그렇다면 이처럼 우량한 미국 기업을 분석할 때 어떤 부분들을 중점적으로 봐야 할까요? 다음은 미국 기업을 여섯 가지 측면에서 분석하는 방법입니다.

1) Price Ratio : 여기에는 해당 기업의 시가총액과 기업 가치를 비교하기도 하고, 연도별 주가의 변동, PER(Price earning ratio), PEG(Price earnings to Growth ratio) 등이 있습니다.

2) 수익성 : 매출총이익, 영업이익과 순이익이 어떠한지 살펴봅시다.

3) 성장률 : 과거 연도 대비 매출의 성장률, 당기순이익, EPS(주당순이익)이 어떠한가를 살펴봐야 합니다.

4) 재무상태 : 자금조달을 자본과 부채로 어떻게 했고 조달한 자금을 어디에 투자했는지 그 내역을 봐야 합니다.

5) 투자와 경영 : 이 항목에서는 R&D 투입비용과 발행주식수(자사주 매각), ROE(자기 자본수익률) 등의 항목을 점검해야 합니다.

6) 외부 환경 : SUSTAINABILITY(사업의 지속성), ANALYST RATING HISTORY(애널리스트들의 분석 결과)가 여기에 해당됩니다.

이 여섯 가지 항목만 찾고 분석하는 것이 간단하다고 볼 수 있으나 세밀하게 들어가면 더욱 복잡한 요소가 많습니다. 가장 먼저 위에 해당하는 정보의 원천을 찾는 것이 바람직합니다. 누가 가장 정확하고 빠르고 쉽게 제공하는가에 대한 정보를 찾고, 활용하면 됩니다.

이 중 가장 중요한 지표 한 가지를 뽑으라고 한다면 PER입니다. 주가(P)는 EPS(주당순이익)에 PER를 곱한 값으로 정의할 수 있습니다.

$$P = EPS \times PER$$

EPS(Earning Per Share)는 기업의 경영활동을 통한 결과물인 주당순이익이며 PER(Price Earning Ratio)는 시장참가자들이 부여하는 EPS에 대한 Multiple입니다. 이 기업이 벌어들이는 이익에 대하여 몇 배의 PER를 부여하냐에 따라 주가가 결정되는 것이죠. 이를 위해서 우리는 PER라는 지표를 분해하여 이해할 필요가 있습니다.

PER의 정의 : 배당률/(요구수익률-성장률)

기업의 PER에 영향을 주는 요소가 여러 가지가 있지만, 성장주 투자에 있어서 기업의 PER에 영향을 가장 크게 주는 요소는 분모의 성장률입니다. 성장률이 클수록 PER이 높아지는데, 요구수익률이 20%, 배당률이 5%로 일정하다고 가정했을 때 성장률 변화에 따른 PER는 아래와 같이 볼록성을 가집니다.

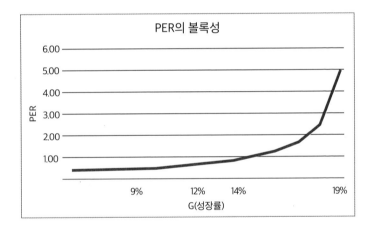

예를 들어, 1년에 10,000원 이익을 내는 기업은 PER 10배 수준이라고 하면 가격은 100,000원입니다. 미래에 이 기업이 30,000원으로 이익 성장이 나왔을 때는 PER 10배로 300,000원이 아니라 약 30배 정도로 적용되게 되면 900,000원에 가격

이 형성된다는 의미입니다. 이익이 10,000원에서 30,000원으로 3배 증가하게 되면 PER도 10배에서 약 30배로 증가해, 가격은 100,000원에서 900,000원이 되는 것이 주식시장입니다. 이처럼 성장률이 높을수록 시장 참여자들이 부여하는 Multiple(PER)는 높아지는 것이 PER의 볼록성입니다.

여기서 꼭 기억해야 하는 점은 기업의 성장률이 높아질 경우 주식의 가격은 생각보다 많이 상승할 수 있고, 반대의 경우 생각보다 많이 하락할 수 있다는 점입니다. 기업의 주가 변동을 비이성적이고 무질서하게만 봐서는 안 되고 이런 모델과 수식을 염두에 두고 투자 의사결정을 하는 것이 올바른 태도입니다.

04.
위대한 기업의
단 한 가지 공통점

　많은 전문가들이 또 다른 새로운 혁명의 시대가 곧 도래할 거라고 오래전부터 이야기해왔습니다. 이러한 발전과 성장은 인류의 본성에 의해 계속 탐험하고 성취되는 것입니다. 그러므로 과거보다 더 나은 문명은 어떻게든 다가오게 되는 것이죠. 그 새로운 문명에 대한 탐험은 2016년 다보스포럼에서 '4차 산업'이라는 단어로 수면 위로 떠오르게 됩니다.

　2020년 들이닥친 코로나 사태로 우리는 새로운 국면을 맞이하게 되었습니다. 그리고 기존에 경험하지 못했던 새로운 현상들을 관찰하게 됩니다. 재택근무, 비대면, 화상회의, 온라인

대학 강의, 휴업, 해외여행 감소 등이 그것들이죠. 이를 통해 우리는 그동안 해왔던 비효율에 대해 반성하게 되었습니다. 본의 아니게 코로나는 앞으로 우리의 미래가 어떻게 되어야 한다는 구체적인 방향을 확고하게 해 준 동기가 된 것 같은 기분이 듭니다. 이러한 4차 산업 혁명은 모든 것이 전자화, 자동화되고 과거 인간의 노동으로만 해오던 많은 것들을 대체하게 됩니다. 앞으로 인공지능으로 많은 직업이 사라지게 될 것입니다. 부동산 중개업자, 법률전문가, 스포츠 경기 심판, 은행 직원, 단순 사무 관리자, 회계담당자 등을 실직으로 내몰 수 있는 시대가 오고 있습니다.

반대로 특정 데이터를 취급하는 수준 높은 역량을 가진 사람들의 수요는 점차적으로 늘어갈 것입니다. 그리고 기업은 새로운 기술을 통해 내부 비용을 줄여 더 많은 수익을 낼 수 있는 기회가 오게 되고 이러한 기조 속에서 부유층과 빈민층의 양극화 현상은 더욱 심해질 것입니다. 중산층이 사라지는 것입니다. 그러므로 지금 우리는 가난한 사람이 되느냐, 부자가 되느냐의 기로에 서 있는 것입니다. 부자가 되기 위해서는 새로운 산업혁명의 중심에 있는 기업의 지분을 가지는 것이 좋다고 생각합니다. 저는 그 중심에 있는 기업들 중 하나가 바로 애플이라고 봅니다.

항목	구분	2017		2018		2019	
		금액	비중	금액	비중	금액	비중
매출	Product	196,534	86%	225,847	85%	213,883	82%
	Services	32,700	14%	39,748	15%	46,291	18%
	소계	229,234		265,595		260,174	
매출원가	Product	126,337	90%	148,164	90%	144,996	90%
	Services	14,711	10%	15,592	10%	16,786	10%
	소계	141,048		163,756		161,782	
매출 총이익	Product	70,197	80%	77,683	76%	68,887	70%
	Services	17,989	20%	24,156	24%	29,505	30%
	소계	88,186		101,839		98,392	
영업비용	연구 개발비	11,581	43%	14,236	46%	16,217	47%
	일반 관리비	15,261	57%	16,705	54%	18,245	53%
	소계	26,842		30,941		34,462	
영업이익		61,344		70,898		63,930	
영업외손익		2,745		2,005		1,807	
법인세차감선 순손익		64,089		79,903		65,737	
법인세		15,738		13,372		10,481	
당기순이익		48,351		59,531		55,256	
EPS		9.27		12.01		11.97	

애플의 재무제표 (단위:백만달러)

애플의 영업이익에서 서비스가 차지하는 비율이 2017년 18%에서 2019년 30%로 증가하고 있습니다. 이는 애플이 하드웨어 업체에서 진정한 소프트웨어 업체로의 변화를 뜻합니다. 애플은 휴대폰을 팔아서 이익을 남기는 정책에서, 판매된 휴대폰에서 사용되는 다양한 서비스로부터의 이익 창출을 목표로 변화하고 있습니다.

우리나라 대부분 애플 관련주라고 하는 기업들은 애플에 휴대폰 부품을 납품하는 기업들입니다. 애플의 현재 방향에서 비추어 보았을 때, 대부분의 국내 애플 관련주라고 하는 기업들은 경쟁력을 지속하기 힘든 구조입니다. 전 세계 글로벌 스마트폰 성장 정체에 따라 아이폰의 매출성장은 0%에 가까우며 이를 극복하기 위해 서비스 매출 증대에 집중하고 있습니다.

항목	2017		2018		2019	
	금액	성장률	금액	성장률	금액	성장률
iPhone	139,337		164,888	18%	142,381	-14%
Mac	25,569		25,198	-1%	25,740	2%
ipad	18,802		18,380	-2%	21,280	16%
Wearable, Home and Accessories	12,826		17,381	36%	24,482	41%
Services	32,700		39,748	22%	46,291	16%
Total	229,234		265,595		260,174	

애플 제품 및 서비스 판매 추이 (단위:백만달러)

다음의 표는 애플의 발행주식 수에 대한 과거 10년 치 데이터입니다. 2010년 약 26억 주에서 현재는 17억 주로, 10년간 약 35%의 발행 주식수가 감소했습니다. 발행 주식수가 감소하는 것이 왜 주주친화 정책일까요? 주가가 결정되는 데 있어 가장 중요한 요소는 무엇일까요? 여러 요소들이 있지만 가장 중요한 주가 결정 요소 중 하나는 EPS입니다. EPS란, Earning Per Share의 줄임말로, 주당순이익이며 순이익을 발행주식 수로 나누어 산출됩니다(주당순이익= 순이익/발행주식수).

구분	2010.03.30.	2019.09.30	성장률(CAGR)
매출액 (백만 달러)	65,225	260,174	17%
영업이익 (백만 달러)	18,385	63,930	15%
순이익 (백만 달러)	14,013	55,256	16%
EPS(US$)	2.20	12	21%
주가	46.08	294	23%

애플의 10년간 실적 추이

여기서 알 수 있듯이 영업이익과 순이익의 성장률보다 EPS(주당순이익)의 증가율이 훨씬 큰 것을 확인할 수 있습니다. 그 이유가 바로 벌어들이는 이익으로 자사주 매입 후 소각하는 활동들을 통하여 주주친화 정책을 펼쳐왔기 때문입니다. 그렇게 되면 동일한 이익을 벌어들이더라도 EPS는 증가할 수 있고 이는 주가 상승으로 이어집니다. 2020년도 워런 버핏이 애플

(APPLE)에 집중 투자한 가장 큰 이유도 이러한 주주친화 정책과 이익의 안정성적인 측면이 가장 크다고 볼 수 있죠.

과거 10년 동안 EPS는 연평균 21% 증가했고 주가는 23% 증가했음을 알 수 있습니다. 여기서도 우리는 주가는 EPS에 가장 크게 영향을 받는다는 것을 알 수 있습니다. 영업이익과 EPS 성장률을 비교했을 때 6%p 차이가 남을 확인할 수 있습니다. 혹자는 이 정도 차이가 뭐 그리 대수냐고 생각할 수 있지만, 1억을 투자해서 10년간 25% 수익률과 19% 차이를 생각해 봅시다. 연간 6%p 차이지만 10년 뒤에는 1.7배 가깝게 차이 날 정도로 상당히 큰 수치입니다.

o 투자금액 : 1억 원
o 투자기간 : 10년
o 수익률(CAGR) 25% : 9.3억 원
o 수익률(CAGR) 19% : 5.7억 원

05.
아마존으로 본
미국 자본주의

다음은 아마존 CEO 제프 베조스의 1997년 주주서한의 내용입니다.

아마존은 계속해서 고객에게 집중할 것입니다. 우리는 단기 수익성이나 월가의 반응보다는 장기적 시장의 지배력을 고려해서 투자 결정을 내릴 것입니다. 우리는 사업 프로그램을 지속적으로 측정하고 투자의 효율성을 분석하며, 허용범위 내 수익이 나지 않는 사업을 중단하고 좋은 사업에 대한 투자를 계속할 것입니다. 우리는 어떤 경우에도 성공과 실패로부터의 배움을 이어나갈 것입니다.

시장 지배력을 확보할 수 있는 충분한 기회가 있을 경우 공격적으로 투자를 할 것입니다. 어떤 투자는 성공적일 것이고 어떤 것은 그러지 않을 것입니다. 하지만 우리는 성공과 실패의 어떠한 경우에도 지속적으로 가치 있는 학습을 이어나갈 것입니다.

GAAP의 회계적 측면과 현금흐름 최적화의 두 가지 중 한 가지를 선택한다면, 우리는 현금흐름을 택할 것입니다. 경쟁이 치열한 산업에 진출해야 하는 등의 큰 결정을 내려야 할 때, 장기적 관점에서 여러분도 투자 의사결정을 할 수 있도록, 우리의 전략적 사고과정을 공유하도록 하겠습니다.

우리는 Lean 문화를 현명하게 이어나갈 것입니다. 특히 순손실이 발생하는 사업에 대해서는 저비용을 지향하는 문화를 지속 강화해 나갈 것입니다. 장기 수익성과 자본 관리에 중점을 두고 성장에 중점을 둘 것입니다. 이 단계에서는 비즈니스 모델의 잠재력을 달성하는 데 있어 규모가 핵심적이라고 믿기 때문에 성장을 우선하는 의사결정을 내 나갈 것입니다.

우리는 다재다능하고 재능 있는 직원을 고용하고 유지하는 데 계속 중점을 둘 것이며, 현금보다는 주식 옵션에 대한 보상을 계속할 것입니다. 우리의 성공이라는 것이 열정넘치는 직원들을 얼마나 보유하는가에 영향을 받는다고 생각합니다. 각 직원은 주인처럼 생각해야 하고 실제로는 주인이어야 합니다.

1997년, 아마존의 주주서한을 보며 어떤 생각이 드셨나요?
1997년에 상장한 시점부터 아마존 CEO 제프 베조스는 회계상 이익보다는 성장을 위해 지속적으로 투자하고 더 많은 현금흐름을 창출하는 것에 중점을 뒀습니다. 최근 10년 동안 매출(성장성)과 영업활동 현금흐름(단기 수익성보다는 현금흐름이 중요)은 한 번의 역성장 없이 증가하고 있습니다. 더 나아가 향후 지속 성장을 위하여 계속해서 투자 활동 현금흐름이 지출되고 있습니다. 투자 활동을 하지 않으면서 수익성을 올리기보다 미래 성장을 위하여 지속 투자하는 전략을 취하고 있으며 이는 1997년 주주서한에서의 내용과 일맥상통함을 알 수 있습니다. 또 화려한 기업가 정신을 보여주고 있죠. 주주친화적이며 모든 자원의 분배를 공정하게 하려고 합니다. 진심을 담아 기업을 사랑하고 아끼고 발전시키려는 의지를 엿볼 수 있습니다. 이러한 기업에 투자하지 않는 것이 오히려 더 위험한 일이 아닐까요.
우리나라 기업들이 왠지 부끄럽게 느껴지기도 합니다. 아직도 가끔 대기업과 관련된 탈세와 상속, 증여, 주가조작, 각종 갑질 논란 등이 뉴스의 일면을 장식하죠. 노블레스 오블리주는 찾아볼 수가 없습니다. 기업들은 자금을 유보하고 근로자들은 더 가난해져 갑니다. 안타깝지만 우리나라 자본주의는 아직 멀었다는 생각이 듭니다.

최근 기업의 사회적 책임(CSR)에 대한 관리를 본격 실시하려는 기업의 움직임이 있었습니다. CSR의 핵심은 기존 이해관계자의 개념인 주주 중심이 아닌 이해당사자 중심으로의 이동입니다. 이제는 근로하는 종업원까지도 이해관계자로 생각하라는 의미입니다. 하지만 본 취지와는 다르게 우리나라 기업들은 이것 또한 착한 기업 이미지 전략으로 주주를 위해서만 활용하고 있는 듯합니다.

한 공간에서 수많은 사람이 땀 흘려 노력하고 일해서 만든 회사의 성과가 한 명 또는 소수의 지갑으로 들어간다는 것이 과연 공정한가에 대한 의문이 듭니다. 자본주의란 그저 사다리 걷어차기 이론(꼭대기까지 올라간 후 다음 사람이 올라오지 못하게 사다리를 걷어찬다는 이론)과 같이 아무런 자비가 없기만 한 걸까요? 어두운 현실의 민낯 속에서도 앞으로 우리는 더욱 성장할 것이라고 그리고 우리 사회는 더욱 공정해질 것이라고 기대하는 사람들이 많았으면 합니다.

다시 아마존 이야기로 돌아가겠습니다. 사실 아마존의 주가는 과거 10년 동안 CAGR(Compound Annual Growth Ratio)

로 30% 올랐고, 매출액은 25%, 영업이익은 30% 올랐습니다. 이는 단순히 현재 주가의 높은 Price 밴드만 봤을 때와 느껴지는 바가 다를 것입니다. 우리가 카페를 인수한다고 가정했을 때 10년 전에 5억에 내놨던 가게를 10년 후인 현재 50억에 내놨다고 했을 때, 단순히 10배나 올랐으니 인수를 안 해야 된다가 아니라, 10년 전에는 1억 벌던 가게에서 현재 10억 벌고 있다면, 의사결정이 달라지지 않을까요?

주식투자도 동일한 메커니즘입니다. 단순히 주가만 봐서는 올바른 의사결정을 할 수 없고, 주가 상승에 따른 이익 성장도 함께 고려해야 합니다. 주가는 기업 이익과 그에 따른 시장 참여자들이 부여하는 가치의 함수입니다. 주식투자를 하다 보면 환율, 금리, PMI 제조업 지수, 소비자 신뢰지수, 고용률, 실업률, 주택착공건수, 바이든의 당선, 유가, GDP, 미중 무역전쟁 등 무수히 많은 요소로 주가가 움직인다는 걸 알 수 있습니다. 하지만 우리는 이런 요소들로 인한 기업의 실적(매출, 이익)만 고려하면 됩니다.

처음으로 돌아가서, 우리가 목표수익률 15%를 달성할 수 있으면 5년에 2배씩 내 자산을 불릴 수 있는데, 아마존과 같이 연간 26%(매출) 성장하고 30%(영업이익) 성장하는 기업에 투자한다면 충분히 가능하다고 보는 것이 합리적인 판단 아닐까요?

따라서 우리는 이런 기업을 발굴하고 투자하고 실적을 팔로우(Follow-Up) 해 나가는 과정들이 필요합니다.

우리나라 투자자들이 또 다르게 잘못 고려하는 점이, 미국의 대표주들 주가가 많이 오르면 한국에 상장되어 있는 관련주를 찾는 것입니다. 아마존의 관련주가 과연 한국에 있을까요? 비슷한 비즈니스 모델을 쫓아가려는 쿠팡이 있지만, 근본적으로 다를 수밖에 없습니다.

쿠팡의 경우 매출과 이익 대부분이 물류, 배송 등과 관련되어 있지만, 아마존의 경우 그것과 큰 차이가 있습니다. 2019년 기준으로 북미에서 매출이 61%, AWS(Amazon Web Service, 아마존 클라우드 웹서비스)에서 12% 발생하고 있습니다. 이와 비교해서 특기할 점은 영업이익의 경우 59%가 AWS에서 발생하고 있다는 것입니다. 여기서 시사하는 바가 무엇일까요? AWS는 전체 매출에서 12% 차지하는 반면 영업이익에서 60%에 가깝게 차지한다는 점입니다. 이익 측면에서 아마존 투자의 주요 포인트는 AWS에 있다고 볼 수 있죠.

현금흐름표도 기업을 이해하는 데 큰 도움이 됩니다. 가장 최근 회계연도인 2019년을 보면 매출액 US$ 280,522M, 영업이익 US$ 14,541M으로 영업이익률이 5.2%로 낮은 수준입니다. 글로벌 플랫폼으로 역할을 하는 기업의 경쟁력을 감안했을 때

영업이익률이 낮은 수준임을 알 수 있습니다. 하지만 현금흐름표를 자세히 들여다보면 다른 해석을 할 수 있을 것입니다.

2019년의 투자활동 현금흐름을 보면 US$ 24,281M로 거두어들인 영업이익보다도 투자로 지출한 돈이 약 1.7배 높습니다. 쉽게 해석하면 아마존은 현재의 성과에 만족하고 안주하지 않고 계속해서 대규모 투자 지출을 함으로써 해자(Moat)를 더욱 공고히 하고 있는 것이죠.

많은 해외 유수의 애널리스트들은 아마존이 투자를 하지 않고 마음먹고 돈을 벌기로 방향을 바꾼다면 이익률은 급격히 상승할 수 있을 거라 합니다. 팩트 체크를 해보면 2019년 아마존이 투자비용을 지출하지 않고 이익으로 반영했다면 어떻게 될까요? 단순 계산으로 영업이익은 38,833백만 달러가 되고 영업이익률은 14%에 달하게 됩니다. 투자활동현금흐름은 일회성 비용으로 한 해에 반영되지 않고 감가상각비 항목으로 여러 해에 걸쳐 비용으로 반영되지만, 편의를 위하여 그리고 아마존이 매년 큰 금액의 투자를 하고 있다는 점을 감안하여 단순 계산한 결과값입니다.

06.
매력적인
B2B 기업을 발굴하라

　엔비디아는 그래픽 카드 GPU 최대 판매업체이며 과거에 PC 용으로 주로 판매되었지만 최근 데이터 센터 및 자율주행에 수 요가 늘어나면서 매출과 이익이 지속 성장하는 추세입니다.

(단위 : Million US$)

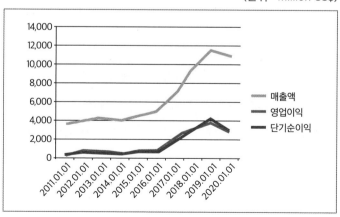

년수	항목	성장률 (CAGR)
과거 10년	매출액	12%
	영업이익	27%
	당기순이익	27%
	영업활동현금흐름	22%
최근 5년	매출액	17%
	영업이익	31%
	당기순이익	35%
	영업활동현금흐름	32%

5년 평균으로 보았을 때 매출액이 17% 성장했고 당기순이익은 2배를 넘는 35% 성장해왔습니다. 실제로 어마어마한 수치입니다. 성공적인 투자를 위하여 반드시 수반되어야 하는 자세가 모르는 분야에 배팅하지 않고 투자영역을 좁혀서 내가 아는 분야에 투자하는 것입니다.

워런 버핏의 사무실에는 과거 MLB에서 전무후무한 4할 타자인 테드 윌리엄스가 쓴 책의 표지가 걸려있는 것으로 알려져 있습니다. 그가 거의 불가능에 가깝게 여겨지는 4할을 칠수 있었던 배경에는 스트라이크 존을 좁혀, 잘 칠 수 있는 존 (Zone)에 한하여 스윙했기 때문이라고 이야기합니다.

버핏은 투자도 똑같다고 생각하는 것 같습니다. 사람마다 잘 아는 분야가 있고 반대로 공부를 하고 나름대로 조사를 해도 잘 알지 못하는 분야가 분명히 있기 마련이죠. 주위를 둘러보면 잘 알지 못하는 B2B 회사에 여기저기서 들려오는 소문을 듣고 투자하는 사례를 어렵지 않게 볼 수 있습니다.

생각해보면 B2B 기업 특성상 최종 소비자인 개인이 해당 비즈니스를 정확히 이해하고 미래를 예측한다는 것은 상당히 어렵습니다. 앞서 주가는 기업이익의 함수라고 정의했습니다. B2B 기업의 경우 말 그대로 고객이 개인이 아닌 기업이기 때문에 해당 기업의 재화나 용역에 대한 구매를 결정짓는 것은 고객사에 소속된 하나의 조직인 경우가 일반적입니다.

이를 어떻게 개인이 정확히 예측할 수 있을까요? 더 나아가 특수한 경우를 제외하고는 인플레이션 등을 감안해서 기업이 판매하는 제품에 환율, 소재가 등의 영향을 제품가격에 반영해야 하는 상황에서 경쟁 심화 등으로 인하여 그렇게 하지 못하는 경우가 다반사입니다. 대부분의 B2B 기업 같은 경우에는 대체재나 경쟁자가 존재하기 때문에 더 그러합니다.

대한민국 KOSPI의 밸류에이션(PER)이 미국보다 낮은 이유가 여러 가지가 있지만 우리나라 대부분 기업은 중간재를 중국을 포함한 전 세계에 수출하는 B2B 기업이 대부분을 차지하기 때문도 있다고 생각합니다. 다시 엔비디아 이야기를 더 해보겠습니다. 그래픽 카드의 경우에는 전 세계 거의 독과점에 가까우며 이는 B2B 기업임에도 불구하고 헤게모니를 공급업체가 가질 수 있음을 의미합니다. 다양한 분야에서 확인할 수 있지만 특정 기업이 생산하는 제품의 경쟁력은 일반적으로 영업이익률에서 알 수 있습니다.

엔비디아

구분	2016-01-31	2017-01-31	2018-01-31	2019-01-31	2020-01-31
매출액 (백만달러)	5,010	6,910	9,714	11,716	10,918
영업이익 (백만달러)	747	1,934	3,210	3,804	2,846
영업이익률	15%	28%	33%	32%	26%

삼성전자

구분	2016-01-31	2017-01-31	2018-01-31	2019-01-31	2020-01-31
매출액 (백만달러)	2,018,667	2,395,754	2,437,714	2,304,009	2,386,804
영업이익 (백만달러)	292,407	536,450	588,867	277,685	372,074
영업이익률	14%	22%	24%	12%	16%

엔비디아의 과거 5년 평균 영업이익률이 27%인 반면 삼성전자는 17%에 불과합니다. 이를 쉽게 표현하면 엔비디아의 GPU는 100% 대체 불가하기 때문에 주요 고객들이 비싼 가격에도 불구하고 지속적으로 구매하고 있음을 의미하죠. 헤게모니를 공급업체에서 가지고 있다는 의미이기도 합니다. 우리나라 상장사의 평균 영업이익률이 5% 내외임을 감안했을 때 엔비디아의 영업이익률은 실로 엄청나다고 할 수 있습니다.

제가 주장하고 싶은 내용은 현재 4차 산업혁명 시대에서 규모가 상대적으로 큰 미국의 대표 성장 기업에 투자를 해야 한다는 것입니다. 연간으로 매출과 이익이 역성장하지 않고 지속 성장한다는 것이 사실 쉽지 않으며 국내 많은 기업의 경우 경기 사이클에 크게 영향을 받기 때문에 국내보다는 미국의 성장주에 투자하는 것이 투자 성공의 확률을 높일 수 있다고 봅니다.

07.
내가 배당을 받으면
기업은 후퇴한다

많은 사람이 관심 있어 하는 배당주 투자, 실제로 이로운 투자일까요? 최근 전자 매체 등을 통해서 배당주 투자에 대한 장점과 경험 등을 계좌로 인증하는 영상 등을 어렵지 않게 볼 수 있습니다. 간접투자 대표상품인 ETF가 발전하면서 월 배당 ETF의 종류도 늘어났고 대부분의 우리나라 상장기업들이 연 1회 배당금을 지급하는 것과 달리 미국의 경우 분기 배당(연 4회)을 실시하는 기업들이 대부분이죠. 이런 점들을 감안하면 미국 배당주 투자가 상당히 메리트 있는 것으로 보일 수 있습니다.

하지만 합리적인 투자자를 가정한다면 과연 이것이 주주에게 이로운 것인지 한번 고민해 볼 필요가 있습니다. 금수저를 제외하면 우리나라 대부분 직장인들은 큰 종잣돈이 없는 상황에서 사회생활을 시작하고 결혼해 살아갑니다. 그렇기 때문에 우리는 월 지급되는 안정적인 배당을 기준으로 의사결정할 것이 아니라 해당 기업의 성장성을 포함한 전체적인 지표를 통해서 해야 합니다.

배당이라는 항목은 그중 하나에 불과하므로 배당을 많이 주는 기업을 좋은 기업이라고 볼 순 없습니다. 이론적으로 성장률(Growth Rate)은 아래와 같이 정의됩니다.

○ 성장률 = RR(Retention Ratio, 보유율) ×
           ROE(Return on Equity, 자기 자본 이익률)
○ 성장률 = (1-배당률) × ROE(자기 자본 이익률)

성장률에 대한 정의를 보면 배당률이 높아질수록 기업의 성장률은 낮아짐을 확인할 수 있습니다. 시간이 지나면서 근로(노동)를 통한 소득창출이 짧아지고, 안정적인 현금흐름을 만들고 싶어 하는 욕구로부터 배당투자에 대한 관심이 증폭되어 온 것 같습니다. 하지만 우리가 기업에 투자를 하는 투자자로 비추어 보았을 때 배당이라는 항목은 투자지표의 하나일 뿐, 이를 통해서 투자 의사결정을 하는 것은 부분을 보고 전체를 판단하는 것에 불과합니다

주식이든 채권이든 총 투자수익률은 P_1-P_0 +배당 or 이자/P_0 로 정의할 수 있습니다. (P_0는 매수가격, P_1은 매도가격) 이를 Capital Gain(자본이득) + 배당 or 이자소득으로 좀 더 세분화할 수 있으며 총 투자수익률에 더 크게 영향을 미치는 요소는 훨씬 큰 비율로 Capital Gain(자본이득)입니다. 이를 뒷받침하는 자료는 JP모간에서 분기별로 발간하는 Guide to the Market에서 확인할 수 있습니다. 2010년도에 총 투자수익을 구성하는 요소가 Capital Gain으로 14.2%, 배당 수익으로 2.7%입니다.

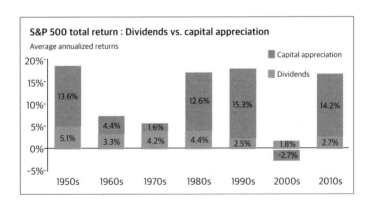

S&P 500 total return : Dividends vs. capital appreciation

Average annualized returns

Capital appreciation

Dividends

1950s 13.6% 5.1%
1960s 4.4% 3.3%
1970s 1.6% 4.2%
1980s 12.6% 4.4%
1990s 15.3% 2.5%
2000s 1.8% -2.7%
2010s 14.2% 2.7%

STEP 5.

평범한 직장인을
부자로 만드는 기술

01. 게을러지기 위해 공부하라

02. 전문가가 되는 가장 빠른 방법

03. 이번 생은 N잡러로 살기

04. 자신만의 방식으로 살아라

05. 스스로 인생을 경영하라

06. 많은 사람을 만나라

07. 실전에 통하는 공부가 답이다

08. 금융공학적 사고를 하라

TIP 부자 되는 습관, 렛잇비

01.
게을러지기 위해
공부하라

한때는 저도 프로 야근러였습니다. 아침 8시에 출근하면 저녁 9시 퇴근이 일상이었지요. 당시 제 노동 생산량은 150% 이상이었습니다. 그렇다고 야근수당을 더 받는 것도 아니었는데 말이죠. 퇴근하면 녹초가 되기 일쑤였고 워라밸이라는 신조어가 탄생하기 전까진 직장인이라면 다들 이렇게 산다고 생각했던 것 같습니다. 실제 그 시절을 떠올려봐도 저녁 늦게까지 업무한다고 해서 뭔가 더 나아진 것은 없었습니다. 만성적으로 늦은 퇴근 시간이 정해져 있었기 때문에 해가 떠 있는 동안의 일은 매우 느리게 처리했고, 조직의 진화나 발전은 어디에서도 찾아볼 수 없었습니다. 한 사람이 일을 150% 이상 하게 되는 현상에 대해 다시 생각하게 되었습니다.

어느 한 조직에서 조직 구성원들이 모두 150% 이상의 생산량으로 돌아간다고 칩시다. 여기까지는 문제가 없을 수 있지만, 그중 한 명이 조직을 이탈하는 순간부터 남은 사람들의 업무 부담은 크게 늘어날 수밖에 없습니다. 기존 150% 이상의 업무 능력은 당연 1인이 수행해야 하는 준거점(Reference point)이 되기 때문입니다. 이 조직에 속한 사람은 방향성 없이 열심히만 일을 하게 됩니다. 그러므로 조직의 변화와 발전보다는 현상유지나 개인주의적인 태도가 팽배하게 되겠지요. 낮은 업무 품질로 다른 유관부서들의 불만이 쏟아질 수도 있습니다. 이는 결코 존중받거나 인정받는 업무방식이 아닙니다.

회사에서 노동은 곧 돈입니다. 이는 시장경제이론과 비슷합니다. 시중에 돈이 많이 풀리면 금리가 낮아지고 성장은 둔화되는 것처럼, 기업에서 노동이 많이 풀리면 노동의 품질은 떨어지고, 조직의 성장도 둔화됩니다. 또한 개인의 몸값(연봉)도 떨어질 수 있죠. 이는 물가의 하락과도 같습니다. 그러므로 자신의 노동 생산량을 80% 이하로 관리해야 변화, 진화를 위한 최소한의 시간을 가질 수 있습니다. 그러니 너무 열심히만 일하지 마세요, 게으름도 성장에 필요한 기술입니다.

게으름이란 결국 시간을 버는 기술입니다. 오전 8시에서 오후 7시까지 직장인으로 살다 보면 하루 중 자신을 위해 쓰는 시간이 매우 부족할 것입니다. 발전적인 공부를 하고 기술을 익히는 것뿐만 아니라, 개인의 건강을 유지하기 위한 적절한 운동시간, 가족과 보내는 시간, 주변 지인들과의 친목, 어려운 처지에 있는 사람을 보살펴야 하는 시간 등을 볼 때, 직장인들은 매우 척박한 환경에 놓여있습니다. 결국 돈을 벌기 위해서는 이 전체 시간의 규모를 늘려야 합니다. 한정된 시간 속에서 최대한의 효율을 발휘하기 위한 것이죠. 이 투박하고 처절한 시간 속에서 어찌 되었든 시장에 공급이 이뤄져야 합니다. 이 시간에 직장인이 할 수 있는 공급의 영역을 조금씩 늘려봅시다.

저도 퇴근 후 집에 오면, 창의적인 일을 통해 시장에 뭔가 공급하려고 노력합니다. 유튜브 콘텐츠를 만드는 것부터 브런치에 유익한 글을 올리는 것, 컨설팅 보고서를 쓰는 것, 상담과 교육을 진행하는 것 이 모든 것들이 제게는 시장에 투하하는 공급인 셈이죠. 적당한 게으름은 저의 정체감을 찾아 주었을 뿐 아니라, 실제로 게으르게 살기 위해 자산을 축적할 수 있는 투자 공부도 할 수 있었습니다.

우리가 사는 세상은 실물 시장과 자산시장으로 나눠볼 수 있습니다. 실물 시장은 우리가 회사에서 노동을 하고 자동차,

냉장고 등 내구재를 소비하는 일련의 시장이고 자산시장은 주식, 부동산, 채권 등 투자자산을 사고파는 시장을 의미합니다. 이 두 가지 시장의 성격과 특징이 완전히 다름을 이해할 수 있어야 합니다.

자동차 시장을 예로 들면, 이번 코로나로 많은 글로벌 자동차 메이커들이 2020년에 공장 셧다운을 했고 당해 연도 실적은 전년 대비 역성장한 경우가 많았습니다. 하지만 미국의 대표 자동차 메이커인 GM과 Ford의 주가는 20년 4월을 기점으로 계속해서 상승하여 52주 최고가를 경신하고 있습니다. 이는 우리가 실물 시장에서 느끼는 경기와 자산시장에서 반영하는 경기가 다르기 때문입니다. 실물 시장에서의 경기는 현재가 중심이지만 자산시장에서의 경기는 항상 미래를 반영하기 때문입니다.

주위에서 "경기가 이렇게 좋지 않은데 주식과 부동산 가격이 이렇게 오르는 것은 거품이야"라는 이야기를 하는 사람이 많습니다만, 이는 자산시장의 기본 메커니즘을 이해하지 못하는 데에서 기인합니다. 자산 가격의 버블이 터지면서 경제위기가 온 경우가 많지만 그런 일들은 10년에 1번 정도 있을까 말까한 아주 기이한 일이며 자주 발생하지 않습니다. 이러한 실물 시장과 자산시장의 차이점을 이해하고 투자에 적용시킬 수 있

어야 버블과 올바른 자산 가격 상승을 구분할 수 있고 이것이
투자 성과로 이어질 수 있습니다.

02.
전문가가 되는
가장 빠른 방법

홀륭한 투자자가 되기에 앞서 자신이 잘할 수 있는 분야의 전문성을 먼저 구축하는 것이 중요합니다. 지속적으로 사람들과의 업무적 연결성을 확보할 수 있고 새로운 자본 창출은 물론이거니와 삶의 보람을 느낄 수 있으니까요. 그래서 먼저 "자신에게 투자하라"는 이야기가 많은가 봅니다. 이는 마치 잘 항해하던 배가 좌초되어 홀로 무인도에 남겨지더라도, 스스로 그속에서 불을 지피고 삶을 영위할 수 있는 인프라를 구축할 수 있는 지식과 지혜를 갖추는 것과 같지 않을까요?

어떻게 하면 전문가가 될 수 있는지 저는 꽤 여러 해 동안 고민했습니다. 아무리 직장에서 인정받는 고성과자라고 해도 회사 문을 열고 밖을 나서는 순간 그 사람의 전문성에 대한 신용은 제로가 되기 십상입니다. 회사 밖 시장에서 어떠한 실적도 없기 때문입니다. 즉 시장은 김 아무개 씨를 판단할 수 있는 뚜렷한 데이터가 아무것도 없습니다. 단지 건강보험자격득실확인서상에 나타난 OO회사에서 몇 년간 근무했다는 기록이 전부입니다. 그래서 빨리 전문가가 되고 싶다면 회사 밖 시장에서 다양한 신화를 만들어내야 합니다. 자신감을 가지고 할 수 있는 것부터 하나씩 찾아내고 그 공적을 인정받고 증명하는 것을 되풀이하는 것이죠.

보통 직장인은 오랜 시간 몸을 담은 기업 세계에 대한 사고의 관성을 깨뜨리는 것이 쉽지 않습니다. 헤르만 헤세가 소설 『데미안』에서 "새는 알을 깨고 나온다. 알은 곧 세계이다. 태어나려고 하는 자는 하나의 세계를 파괴하지 않으면 안 된다"라고 하듯 우리도 직장이라는 세계를 깨뜨려야 더 높이 날 수 있는 새가 될 수 있습니다. 날 때부터 전문가는 세상에 없습니다. 전문가는 스스로 만들어 가는 것입니다. 저도 종종 여러 기관의 컨설팅에 참여하고 "전문위원님"이라고 불립니다.

현장의 다양한 경험과 실적이 실력으로 가는 데까지는 그리 긴 시간이 걸리지 않았습니다. 한 분야의 전문가가 되기 위해서는 지식 탐구 놀이에 빠져야 된다는 것도 깨달았습니다. 통찰력을 얻는 것이 중요한데 그러기 위해서는 자기 학습을 최대한 즐길 수 있도록 노력해야 합니다. 제가 브런치나 블로그 활동 등을 통해 학습한 결과를 독자들과 공유하는 것도 마찬가지입니다.

전문가가 되기 위해서는 자신만의 고유한 지식의 발판 아래 목표로 한 시장에 발을 담그고 직접 느끼고 경험하며 남들로부터 인정받을 수 있는 결과적인 실적을 만드는 것이 중요합니다. 해본 것과 해보지 않은 것은 천지 차이입니다. 얼마 전 저도 유튜브 크리에이터가 되기 위해 도전했습니다. 온라인 마케팅에 대해 강의와 상담을 해주었던 한 사람으로서, 과연 나는 얼마나 나를 마케팅하고 있을까 하는 생각이 문득 들었습니다. 그리고 제 지식과 실력으로 구독자수를 늘려보는 것은 큰 의미가 있을 것 같았습니다. 평소 콘텐츠 소비자로만 살아오던 제가 놀고먹는다고 생각했던 유튜브 크리에이터들이 얼마나 많은 노력을 하는지 이 세계에 들어오면서 뼈저리게 느끼게 되었습니다. 썸네일 하나로 사람들의 궁금증을 유발하는 글쓰기와 디자인으로 사람들의 클릭을 유발하는 능력, 사람들의 심리를 자극하며 시청을 지속적으로 유지하게 하는 영상편집 스킬, 사람의 귀를 간지럽히는 달콤한 말솜씨 등 이건 하나의 방송국이

나 마찬가지였습니다.

우리가 흔히 성공한 유튜버들은 하늘에서 뚝딱 하고 떨어지진 않았나 싶은데, 이들도 자신들의 지식 범위에서 계획을 세우고 여러 시행착오를 거치며 실증과 학습을 병행했고, 결국 성공을 거두었다는 것을 알 수 있었지요. 콘텐츠를 단순 소비하는 사람과 이 콘텐츠를 만들어 유통하는 사람의 생각과 입장은 많이 다르다는 것도 느꼈습니다. 마케팅 박사학위를 가지고 있는 대학교수보다 온라인상에서 어느 정도 실적을 가진 유튜버들을 진정한 전문가라고 불러도 무방하다고 봅니다.

전문가가 되는 가장 빠른 길은 이처럼 결과적인 실적을 많이 만드는 것입니다. 주식투자에 대해 금융교육을 기가 막히게 잘하는 사람보다 실제 주식으로 큰돈을 벌어본 사람으로부터 이야기를 더 듣고 싶을 것입니다. 그러므로 시장이 인정하는 자신만의 실적을 시장에서 쌓을 수 있도록 준비를 잘 해야 합니다. 저는 지금도 다양한 시장의 문을 서슴없이 두들깁니다. 그 문을 하나씩 열고 그 속을 들여다본 제 눈과 귀는 이미 백만 불짜리입니다.

03.
이번 생은
N잡러로 살기

취업을 위해 죽기 살기로 노력한 끝에 회사에 입사합니다. 입사 당시만 해도 죽을 각오를 다해서 회사를 위해 살 것만 같았지만 시간이 지날수록 이것이 진정한 내 삶인지 고민하게 됩니다. 항상 뭔가 허전함이 느껴집니다. 인간은 누구나 성장에 대한 욕구가 있습니다. 그렇기 때문에 이러한 생각이 결코 이기적이라 보기에도 어렵죠. 그러므로 자신의 성찰을 통해 미래 자신의 모습을 상상하고 조금씩 구체화해보는 연습을 하는 것이 좋습니다. 자신의 정체성을 찾는 것이 긴 인생이란 여정 속의 의미 있는 성찰이 아닐까요?

직장인은 보통 하루 8시간 이상 직장에 얽매여 있습니다. 많은 직장인이 회사와 근로계약을 맺으면 다른 일을 절대로 해서는 안 된다고 생각합니다. 이중취업 금지, 겸업 금지 등 다양한 용어들이 근로계약서에 있고, 마치 딴짓을 해서는 안 되는 것처럼 직장인 스스로가 자신의 마음을 옥죄고 있기도 합니다. 근로계약에서 취업 제한의 의미는 해당 회사와의 본 계약을 수행할 수 없을 정도로 시간과 노력이 필요해 그 기업의 근로에 방해되거나 경쟁 관계로 해당 기업의 이익적 훼손이 있는 경우를 말합니다. 그러므로 소속된 회사의 업무 외에 다른 업을 하는 것이 무조건 제한되어 있다고 생각할 필요는 없습니다. 퇴근 후의 시간도 개인이 원하는 만큼 자유롭게 사용할 수 있습니다.

취업이라는 의미 속에는 실제로 종속이라는 것을 함의하고 있습니다. 즉 이중취업 제한이라는 의미는 다른 종속관계를 만들지 말라는 뜻으로 해석하면 됩니다. 그러므로 이러한 종속관계가 생기지 않는 범위 안에서 개인이 하고 싶은 일을 얼마든지 할 수 있습니다. 그러나 실제 고용주 입장에서는 이를 달가워하지 않긴 하겠지요. 계약된 근로 외의 다른 업무 수행으로 본업에 미치는 영향이 과하다 싶을 때는 징계가 인정되기도 합니다. 하지만 공무원이 아닌 이상 개인이 원하는 일을 할 수 있다는 인식을 먼저 갖는 것이 중요합니다.

이러한 우려와 별개로 4차 산업시대는 여러 직업을 가지는 것이 필수입니다. 직장인이어서 절대 불가능하다고 생각해서는 안 됩니다. 정보통신혁명이라는 기술로 우리는 미래시대에 대한 일종의 적응 위기에 봉착했습니다. 그러므로 스페셜리스트보다는 제너럴리스트가 안전합니다. 저는 제너럴리스트도 아주 특별한 능력을 가진 '스페셜 제너럴리스트'가 되어야 된다는 표현을 종종 해왔습니다. 우리는 이미 4번째 산업혁명을 맞이하고 있습니다. 토머스 에디슨이 전구를 발명하고, 제임스 와트에 의해 증기기관차가 발명되었을 때로 돌아가 보면 혁신이란 과거에서부터 지금까지 계속 이어져 왔습니다. 이 혁신들에는 '전달'이라는 개념이 박혀있습니다. 빛의 전달, 전기의 전달, 물건의 전달, 정보의 전달, 돈의 전달 등등. 그리고 저는 4차 산업혁명 시대는 '지식과 지혜의 전달'이 주를 이루는 시대라고 표현하고 싶습니다.

인공지능인 AI가 인류를 대체하여 지식을 전달합니다. '타다'가 택시기사들의 생존을 위협했고, 부동산 공인중개사나 스포츠 심판들도 자신들의 지식이 컴퓨터에 의해 대체되는 시기가 오고 있는 것입니다. 하지만 인류는 위대합니다. 컴퓨터가 한 분야의 스페셜리스트가 될 수 있어도 인간과 같은 제너럴리스트가 되기는 멀어 보입니다. 그러므로 이 적응의 위기에 봉착한 우리 인류가 할 수 있는 것은 훌륭한 제너럴리스트가 되는 게 아닐까요? 학습도 이에 맞춰 이뤄져야 합니다. 공학, 법학, 인문학, 경제학, 경영학, 과학, 음악, 예술 어느 한 분야를 중심으로 지식을 넓혀가야 합니다. 정말 신기한 것은 이 학문들이 알게 모르게 모두 연결되어 있다는 것입니다.

예를 들어, 공학의 미터법을 배우다 보면 국가마다 사용법이 다르다는 것을 알게 됩니다. 미국은 Yard나 Feet, Pound를 사용하는데, 독일이나 우리나라는 Meter, Kg을 씁니다. 미국과 유럽의 COMMA와 DOT 표기법도 반대입니다. 공학에서 출발한 문제가 역사로 넘어가게 되고, 그 역사는 정치, 경제와 관련되어 보다 폭넓게 지식의 본질을 탐구해 나가게 됩니다. 그러다 보면 자연스레 지식과 지혜의 전달자로서의 가치가 높아지게 됩니다.

저는 이러한 지식과 지혜의 전달자로서 N잡을 확대할 수 있는 발판이 마련되었습니다. 이러한 N잡은 주로 수많은 공기업, 관련 협회와 단체들을 대상으로 시작했습니다. 알게 모르게 우리가 사는 도시에는 수많은 공공기관과 관련 협회와 단체들이 있습니다. 테크노파크와 같이 중앙정부와 지자체의 예산으로 운영되는 재단법인의 형태도 있고, 경영자총협회, 한국

무역협회, 전국경제인연합회 등의 사단법인, 이업종교류를 위한 중소기업협동조합중앙회 등 조합 형태의 단체들도 있습니다. 대부분의 단체와 기관은 이름과 그 설립목적만 다를 뿐 사회를 위해 하는 역할은 거의 비슷합니다. 바로 기업지원을 위한 교육, 창업활성화, 컨설팅, 지원자금 조달을 통해 기업의 성장, 행정절차의 지원, 고용, 수출개선 등입니다. 이곳이야말로 N잡러가 활동하기 좋은 너무나도 특화된 영역이죠. 어쨌든 저도 그렇게 프로 N잡러가 될 수 있었습니다.

04.
자신만의
방식으로 살아라

열심히 해서 좋은 실력을 쌓았더라도, 그 실력을 가진 사람들이 시장에 많이 있다면 그 실력의 가치평가는 낮아질 수밖에 없습니다. 그러므로 나라는 사람의 가치를 올리기 위해서는 자신의 시간을 희소한 것에 투자해야 합니다. 공급은 적고 수요가 많은 것에 시간을 할애해야 특별함이 생깁니다.

최근 만난 어떤 사람은 수십 개의 자격증을 취득하고 자신은 다양한 분야의 전문가라며 동네방네 광고하는 모습을 본 적이 있습니다. 사실을 확인해 본 결과 그 자격증들은 민간에서 돈만 주거나 약간 노력 정도 기울이면 누구나 취득할 수 있는 것이 대부분이었습니다. 수십 가지의 자격증을 취득한 것이 대단하긴 하지만 왜 싸구려처럼 느껴졌을까요?

첫째, 그 자격증들은 수요보다 공급이 훨씬 많은 자격증입니다. 사실 그러한 자격증 시장은 해당 단체가 수익을 취하기 위해 일반 개인들을 노리는 시장입니다. 마치 이 자격증을 취득하면 시장에서의 특별한 지위와 혜택이 있어 개인 자신에게 남보다 뛰어난 새로운 가치를 부여할 것 같은 대중들의 심리를 이용하여 장사를 하고 있는 곳이 많았습니다.

둘째, 그 사람의 진정성이 느껴지지 않았습니다. 뭘 위해 공부를 하는가? 광범위한 분야를 공부하는 것은 좋습니다. 그러나 그 분야를 공부했다는 것은 단순히 어떤 자격과정을 거쳤다고 깊이 있는 공부를 했다고 볼 수 없습니다. 소명의식 없이 단순히 보여주기식 공부였다면 의미 없는 시간을 허비한 것으로 비칠 수밖에 없습니다.

셋째, 지식 탐구와 전문적 역량은 수험공부에서만 오는 것이 아니었습니다. 어려운 시험에 합격했다 하더라도 몇 달 후 그 시험을 다시 본다면 100의 100은 떨어질 공산이 큽니다. 시험에 합격하기 위한 기제들로 지식을 대해야 했기 때문에 응용력이 떨어질 수밖에 없습니다. 저의 경험에 따르면 기술이 들어가는 자격증을 취득했다고 하더라도 기술에 대해 모르는 이가 허다했습니다.

또한 경영에 대한 자격을 취득한 자들도 경영에 대해 극히 일부만 아는 사람들도 허다했습니다. 다만, 어려운 과정을 극복하고 경쟁을 통해 성취한 것에 대한 인정은 받아야 마땅합니다. 특히 그 과정이 어렵고 그 경쟁이 치열한 면허적 특성의 자격이라면 그 고유한 효능을 발휘하는 데 큰 도움이 되는 것은 부정하지 않겠습니다.

그렇지만 저는 어느 순간 자격증 공부를 그만두었습니다. 지금은 틀에 박힌 암기력 테스트를 하는 것을 지양합니다. 독방에 앉아 제가 의미 있어 하는 분야의 책을 읽는 것이 훨씬 이득이 된다는 것을 늦게나마 깨달았습니다. 저에게 주어진 시간을 더욱 희소하게 만드는 것에는 더욱 집중하여 언제나 남들이 가지 않았던 길을 걸어보고 싶습니다. 전문성이란 내 마음속 진심으로부터 내가 받는 감정인 겁니다.

회사의 경영진은 직원들에게 성장과 발전 그리고 생존을 위해 '혁신'을 부추길 수밖에 없습니다. 치열한 경쟁 속에서 자신만의 익숙함만을 찾는 것은 도태의 지름길이 됩니다. 기업 경영진은 보수를 파괴하려 듭니다. 그래서 기업은 보이지 않는 곳에서 항상 보수와 진보의 힘겨루기가 이루어지고 있는 곳이라는 생각이 듭니다. 그렇다면 기업에서 보수가 되는 사람은 주로 누구일까요? 저는 이 질문에 대해 나름의 경험칙으로 정성적인 답을 내렸습니다. 그들은 대개 편안한 환경 속에서 직장생활을 이어오고 있는 사람이었으며, 특정 조직에서만 비슷하거나 같은 업무를 오래 해온 사람들이었습니다. 이러한 성향의 사람들은 변화를 거부하고 자신들이 가진 것을 지키기 위해 처절하게 사는 사람일지도 모르겠습니다. 그래서 누군가는 보수의 반대말을 '자유'라고 표현했다지요. 말라버린 자원, 고갈된 열정, 텅 빈 통장, 이직의 두려움, 이 모두가 보통의 직장인을 보수로 만드는 것일지도 모르겠다는 생각이 듭니다.

저는 그렇게 무언가에 속박되는 삶이 싫었습니다. 제 인생의 진정한 자유를 찾고 싶었고 그러기 위해서 일종의 진보의 길을 택하기로 마음먹은 것이죠. 그러나 아무리 진보라도 40대에 접어든 나이에 과거에 해왔던 모든 것을 단절시키는 버닝 브리지스(Burning Bridges)를 실천한다는 것은 위험이 따랐기에, 저는 제가 가진 자원을 토대로 역량의 확장을 기해야 했습니다. 처음에 저도 제가 가진 자원이 무엇인지 알아내기 위해 다방면으로 고민했습니다. 그러다 문득 하나의 생각이 떠올랐습니다. 그것은 바로 제가 조직 내에서 다양한 부서의 업무를 해오다 보니, 기업경영 관련만큼은 누구보다 잘 알겠다는 생각이 든 것이었습니다. 그리고 이러한 역량을 조금 더 희소하게 만들어야겠다고 다짐했는데, 그것이 바로 기업경영과 관련된 책을 저술하는 것이었습니다. 이것은 제 나름 희소한 것에 투자한 행위였습니다. 수요과 공급 중에 공급이 적은 것이니까요. 이 책 자체로 상업적인 성공을 거두지는 못했지만, 제가 기업경영, 공장 운영 등의 평가위원이 되는 데 한몫을 한 것은 사실입니다. 저의 변화와 혁신은 이러한 방식으로 시작되었습니다.

05.
스스로
인생을 경영하라

기업은 투자와 비용을 구분하여 회계 처리를 하는데, 개인 은 어떨까요? 일반적으로 개인은 돈이 나가면 지출(비용), 돈이 들어오면 소득(매출)으로 인식합니다. 하지만 저는 이를 엄밀히 구분하려고 노력합니다. 예를 들어, 매년 회계, 재무, 경제 등 강의를 수강하는 데 지출되었던 금액은 미래에 더 큰 금액을 벌어들일 수 있는 자산이 되기에 이는 지출이 아니라 투자(자 산)로 봅니다. 개인은 기업과 달리 공시하여 누군가에게 보고할 의무는 없지만, 제한된 월급으로 살아가는 입장에서는 비싼 강 의료나 책값 등이 현실적인 부담으로 다가올 수밖에 없습니다.

하지만 저는 기업에서의 투자와 비용 구분을 개인에게 적용을 할 때 마인드가 달라짐을 느꼈고, 훨씬 더 과감하게 투자할 수 있었습니다. 좋은 강의와 책일 경우에는 100만 원이 넘는 금액도 크게 고민하지 않고 수강했고 그 결과는 만족할 만한 수준이었습니다. 앞으로도 똑같이 생각하고 판단할 것입니다.

여전히 우리나라 회사들은 '영업'이라는 업무를 천시 여기는 인식이 있습니다. 영업이라는 업무를 단순 중개로 생각하고 전문성이 없는 인원들이 고객들의 시중을 드는 일이라 여기는 것 같습니다. 그러나 이를 객관적으로 인식하기 위해서는 "내가 경영자라면?"과 같은 생각으로 접근할 필요가 있습니다.

어느 한 회사의 발전과 유지를 위해서 중요한 것은 무엇일까요? 첫째는 시장에 희소한 것을 팔 수 있는 자체 능력을 키우는 일이고, 둘째는 희소한 것과 상관없이 어떤 시장이나 고객과 지속적인 사업을 연결해서 매출을 불러일으키는 일입니다. 즉 공격할 준비와 방어를 동시에 하는 것이죠. 그런 의미에서 영업은 공격과 수비를 동시에 할 수 있는 매력 있는 분야입니다. 따라서 경영자라면 영업을 중요하게 생각할 수밖에 없는 것이죠. 기업은 항상 유능하다고 생각하는 엔지니어들을 채용하며 새로운 기술을 확보해 시장을 독점하고 싶겠지만 생각처럼 에디슨이나 장영실 같은 혁신을 선사할 인물들은 나타나지 않습니다.

시장에서 도태되지 않기 위해서, 시장의 흐름을 어느 정도 따라가기 위해서 기술개발에 투자해야 되는 것은 당연한 일이지만, 이런 상황일수록 그 회사의 영업력이라는 것도 중요해질 수밖에 없습니다.

꿀벌들의 생태계에서 여왕벌은 극소수에 불과하고 대부분이 평범한 일벌들입니다. 평범할수록 우리는 영업에 의지하며 살아야 할지도 모릅니다. 영업은 어쨌든 사람을 만나는 일입니다. 온라인으로 만날 수도 있고 오프라인으로 만날 수도 있습니다. 사람 관계는 어떤 시작의 마중물이 되므로 자신이 언제 어느 위치에 있더라도 만나는 모든 사람들에게 겸손한 자세를 가지도록 노력해야 합니다. 기회가 된다면 다양한 사람들을 접해 볼 필요가 있습니다. 어떤 만남은 상처가 될 수도 있지만 언제나 세상에는 나처럼 좋은 사람들이 더 많다고 생각하면 긍정의 미소가 입가에 머무르게 됩니다.

통계는 과연 얼마나 중요할까요? 우리는 잘 모르지만 사실 보통 대부분의 삶들은 이 통계의 박스권 안에서 움직입니다. 비근한 예로 사회는 평균이라는 단어로 여러 가지 지표를 제시합니다. 평균 물가, 평균 수명, 평균 근속연수, 평균 임금, 평균 근무 시간 등이 있을 것입니다. 이 평균이라는 말을 우리는 그저 그렇다며 넘기기 쉬울 수 있으나 이들이 제시하는 수치가 내 삶에 있어 유의미한 지표라면 어떻게 생각하실 건가요?

우리가 자주적으로 살아간다고 생각하는 이 세상은 어떤 보이지 않는 손에 의해 통제되고 있고, 그 통제는 분석가들에 의해 어떤 수치로 표현되는 것입니다. 볼링 점수에는 에버리지라는 것이 있습니다. 저의 능력이 100점이 에버리지라고 한다면 한 경기를 했을 때는 에버리지 100점과 괴리가 클 수 있으나 5경기, 10경기할수록 평균적으로 100점으로 수렴되는 것을 알 수 있습니다. 당구를 칠 때도 보통 자신이 정한 목표 점수에 도달하는 데까지의 능력치를 점수화해서 비교하기도 합니다.

통계학에서는 샘플 추출이 중요한데 보통 30개 이상의 샘플이 모여야 정규분포를 띤다고 이야기합니다. 이런 통계의 바탕은 모집단을 추정할 수 있는 표본 집단이 있어야 하므로 우리는 이 표본에 대한 데이터를 많이 가질수록 좋습니다. 이를 빅데이터라고 할 수 있습니다. 빅 데이터는 빠르고 매우 방대하고, 다양한 특성이 있습니다. 이 데이터 속에서 유의미한 것을 캐치할 수 있는 데이터 마이닝 능력이 중요한 시대가 온 것입니다. 데이터를 통한 의사결정은 지금 시대에는 매우 중요합니다.

특히 코로나19 바이러스로 인해 전자상거래가 왕성하게 되면서 국내 네이버, 카카오 등 플랫폼 기업들은 소비시장의 통계

정보를 채굴하여 이를 상업적으로 활용하려 하고 있습니다. 이미 온라인 마케팅의 시대가 활성화되었고, 이들 정보가 곧 돈이 되는 시대이죠. 보통 통계는 자료입니다. 이 자료를 활용해서 필요한 정보를 만드는 것입니다.

통계가 어렵다고 느낄 수 있지만 통계 데이터를 잘 이해하는 능력이 있어야 더욱 바람직한 의사결정을 내릴 수 있습니다. 이러한 데이터들을 활용한 예로 소상공인 상권분석 시스템이 있습니다. 이 시스템에서는 소상공인의 사업을 지원하기 위해 각종 데이터들을 제공해줍니다. 이를 통해 해당 지역의 인구 유동성, 매출 분석 등을 할 수 있습니다. 또한 해당 점포의 수익성도 예측할 수 있습니다. 이처럼 우리는 여러 데이터 속에서 각종 다양한 통계자료와 데이터 마이닝을 통해 종합적이고 합리적인 의사결정을 해야 합니다. 통계라는 수치는 때론 내 삶이 어딘가에 갇혀있다는 느낌을 주는 것 같습니다. 인간의 지능과 심리도 이미 정해진 유전자적 특성에 따라 움직이는 듯합니다.

그런데 사업에서는 무엇이 가장 중요할까요? 사업은 어떤 행위를 통해 벌어들이는 수익이 있는 것이므로 단순하게 말한다면 어떤 매개를 통해 돈을 버는 행위라고 할 수 있습니다. 그러나 그 매개가 불안정한 것이거나 여러 요인에 의해 지속하는 것이 어렵다면 사업의 본질은 크게 흔들리게 될 것입니다.

그러므로 사업에 있어서 기본은 어쨌든 품질이라는 것을 부정할 수 없습니다. 이는 대상에 대한 품질뿐만 아니라 환경적인 요소들에 대한 품질도 포함합니다. 품질이란 결국 그 사업의 본질이라고 봐도 무방한 것이죠. 그래서 많은 기업들이 '품질은 생명이다'와 같은 미션을 내걸고 해당 사업장의 직원들에게 수시로 정신교육을 실시하는 듯합니다.

백종원의 〈골목식당〉이라는 프로그램이 있습니다. 저는 이것을 TV로 볼 때 하나의 예능프로그램이 아닌 실제 소상공인 또는 창업 컨설팅 현장으로 여깁니다. 실제로 그런 것이 백종원 씨는 기본이 중요하다는 말을 늘 반복합니다. 그 기본 속에서 음식 맛이라는 품질이 결정된다고 생각한 것이죠. TV 속그의 컨설팅 현장 분위기는 살벌합니다.

그는 먼저 조직을 살핍니다. 조직 구성원들의 행동에 대한 동작 분석을 합니다. 이를 통해 그는 자신만의 예리한 눈초리로 조직원들의 생각과 마음을 단번에 파악해버립니다. 그다음으로는 환경 분석을 실시합니다. 식재료 위생 관리, 주방 청결 상태, 식자재들의 정리, 정돈 상태 등을 점검합니다. 그리고 생산품의 직접적인 품질과 관련된 원재료의 조달 상태, 요리사의 요리실력, 손님들에 대한 서비스 상태를 살펴봅니다.

이 모든 기본이 되어야 그는 좋은 식당이 될 수 있다고 여기는 것이죠. 기본원칙을 무시하지 않는 태도가 그를 대한민국에서 성공한 프랜차이즈 사업가로 만든 것이죠. 기업은 언제나 품질에 대한 관리를 철저히 합니다. 이 품질이 흔들리는 순간 그 기업의 자본주의는 시장에서 결국 외면 받게 되기 때문입니다.

기업은 자사 제품에 대한 품질을 보증하기 위해 품질 보증서를 발행합니다. 또한 협력업체에서 들어오는 제품의 수입검사부터 사내 라인의 공정품질, 출하검사 까지 모든 과정에서의 품질적인 문제를 막기 위해 노력을 기울이죠. 현장에서는 비공식적인 품질분임조를 만드는 등 자주적인 활동들도 일어나며 이 전체를 관장하고 대외적인 신뢰를 얻기 위해 품질경영시스템과 같은 인증도 받습니다.

품질이 없는 기업은 마치 백신 없는 바이러스에 감염된 것과 같이 기업의 생존에 있어 매우 치명적입니다. 그렇기 때문에 기업은 이미 오래전부터 이를 방어하기 위한 방법들을 탐구하고 학습해 왔다고 볼 수 있습니다. 기업이 살아남기 위해 하는 이 행위들 모두, 우리 개인도 의미 있게 받아들이고 배워서 내 삶에 적용시켜 볼 필요가 있습니다.

"내 삶의 품질은 제대로 관리되고 있는가?"

"나는 내 삶의 품질을 향상하기 위해 어떤 노력을 해 왔을까?"

기업과 마찬가지로 이 품질은 자신의 삶의 본질과도 같은 것이 될 수 있는데, 대부분의 평범한 직장인들을 보면 별로 관리하는 것 같지는 않습니다. 그리고 대부분이 자신의 삶의 품질을 제대로 평가해본 적이 없습니다. 그렇기 때문에 "내가 무얼 해야 하지?", "어디로 가야 하지?"를 정하지 못하고, 그저 바람 부는 대로 인생이 휩쓸렸던 건 아닌가 하는 생각이 듭니다.

여러 컨설팅 업무를 수행하며 알게 된 내용 중에 놀라웠던 것은, 국내 공공기관 등 여러 단체에 대한 평가시장이 의외로 컸다는 것이었습니다. 예를 들어, 정부자금 실행에 대한 평가, 정부과제와 관련된 용역업체의 선정, 창업 도전자들의 아이디어 평가 및 선발, 시험감독기관에 대한 시스템, 국제표준시스템 인증 등 모든 행위의 주체들은 정기적으로 평가를 받는다는 것을 알 수 있었습니다.

즉 제대로 평가되지 않으면 제대로 관리될 수 없다는 전제는 어디에서건 불변의 진리와도 같은 것입니다. 그러므로 내 삶의 품질을 제대로 평가하고 어떻게 하면 더 나은 삶을 살 수 있는지에 대한 인생 품질 개선 과제들을 선정해야 합니다. 직장인은 기업이 어떻게 품질을 관리하고 대응하는지 간접적으로 배워왔습니다.

그러므로 그 배운 것을 내 삶에 의미 있게 활용한다면 내 삶의 품질은 충분히 개선될 여지가 있다고 생각합니다. 그렇다면 지금부터라도 자신의 삶의 품질을 한번 측정하고 평가해 봐야합니다. 이와 관련된 체크리스트를 만들어 보는 것도 좋을 것입니다. 이와 관련된 몇 가지 예를 정해보았습니다.

1) 나의 일요일이 월요일 출근을 위한 대기시간처럼 사용되고 있지 않은가?
2) 퇴근 후 다른 활동을 감행할 체력과 마음이 어느 정도인가?
3) 한 달에 책을 몇 권 읽는가?
4) 일주일에 생산적인 활동을 한 적이 있는가? 있다면 그 산출물은 무엇인가?
5) 현재의 직장이 아니면 내 삶이 바닥으로 떨어질 정도로 의존도가 높은가?
6) 나의 자산은 우상향하고 있는가?
7) 내가 살고 있는 동네는 객관적으로 편리한 곳인가?
8) 일주일에 운동을 몇 번 하는가?
9) 가족, 친구들과 보내는 시간은 어느 정도인가?

위에 제시된 리스트 중에서 내 삶의 품질개선을 위해 필요한 과제들을 선정해야 합니다. 선정된 과제들을 관리하기 위한 품질 경영적 기법들을 적용해도 좋습니다. 예를 들어 과거 실패 분석(FMEA)이나 사례분석(CASE STUDY), 인과관계도 같은 것들이 있을 것입니다.

필요하면 관련된 분야의 전문가를 만나 상담을 구하는 것도 나쁘지 않습니다. 이를 통해 내 삶의 품질이 나쁜 이유에 대해서 철저히 분석해서 근본적인 개선이 될 수 있도록 스스로를 성찰해 볼 필요가 있습니다. 품질경영 시스템에서 이야기하는 것 중의 하나가 경영자의 지원이라는 게 있습니다.

개인도 자기의 삶 또는 가정경제의 경영자로서 개선을 위한 자신만의 의지가 상당히 중요합니다. 그러므로 분석된 내용을 바탕으로 도출된 결론을 실천하기 위해서는 개인이 가지고 있던 기존 삶의 관성을 과감하게 깨뜨려야 합니다. 그것이야말로 내 삶의 질을 바꿀 수 있다는 것을 명심해야 합니다. 즉 내 삶이 변화할 수 있다는 의미입니다.

데밍의 수레바퀴 이론과 같이 나의 삶의 품질을 향상하기 위한 계획(Plan), 실행(Do), See(평가), Check(검토) 사이클을 계속적으로 적용시켜 나간다면, 말콤 볼드리지 수상보다 훨씬 더 빛난 화려한 인생이라는 수식어가 그대의 이름 앞에 놓일 것입니다.

06.
많은 사람을 만나라

구글의 유튜브 알고리즘은 왜 생겨난 걸까요? 알고리즘의 뜻은 '어떤 특정 조건에 반응하는 규칙'입니다. 이러한 복잡하고도 알기 어려운 규칙 설정을 통해 품질이 낮거나 유해한 콘텐츠들을 자동으로 차단하고, 사람들이 흥미 있어 하고 보고 싶어 하는 질 좋은 콘텐츠를 대량으로 유통하기 위함인 것이죠. 전 세계에서 매일매일 생산되는 수천, 수백만 개의 콘텐츠들을 사람이 일일이 관리할 수 없기 때문에, 이를 정화시켜 줄 도구로 쓰이기도 합니다. 즉 이 알고리즘은 유튜브 생태계를 보호하는 방어체제입니다. 이 방어 시스템이 없다면 유튜브가 제공하는 콘텐츠 품질이 떨어져 이 플랫폼은 사람들의 외면을 받게 될 가능성이 커질 수 있으므로 이는 이 사업의 생존에 있어 매우 중요하죠. 유튜브는 항상 사람들의 관심을 지속적으로 모니터링하고 감각을 자극하기 위해 모든 노력을 기울이고 있습니다. 그것도 전 세계 인구를 대상으로요.

이 어마어마한 프로젝트가 우리나라에 유행을 이끈 것은 대략 2011년경이었던 것으로 기억합니다. 이 플랫폼은 전 세계 인구를 대상으로 누구나 크리에이터(콘텐츠 생산자)가 될 수 있는 자격을 부여했고, 이 콘텐츠 생산자는 구글의 입장에서는 생산설비와도 같은 셈이 되는 것이었죠. 전 세계에 인구만큼의 자동생산설비 체제를 갖추고, 그 소비지들도 전 세계 인구를 대상으로 했으니 이 사업은 실로 어마어마한 부를 창출할 수밖에 없었습니다. 유튜브의 성패는 이 사람들의 흥미를 자극하고, 보고 싶어 하는 좋은 영상을 만드는 질 좋은 콘텐츠 생산자(크리에이터)들의 손에 달려있었죠.

'유튜브는 우리에게 부자 되는 기술'을 알려주고 있습니다. 그것은 바로 '많은 사람을 만나는 것'입니다. 그것도 온라인에서 말이죠. 지금은 온라인만큼 파급력이 강하고, 많은 사람을 만날 수 있는 다른 수단이 없기 때문입니다. 온라인 시장은 노출 → 참여(조회) → 전환(구매 행동)으로 설명됩니다. 즉 노출이 전제되지 않으면, 참여와 전환율은 0%에 가깝습니다. 여러분들의 일상은 어떤가요? 회사에서 매일 마주하는 동료들에 대해서도 우리는 이름과 얼굴, 성격 정도만 알고 있지 않나요? 그리고 그 사람이 소속된 부서와 연상해서 그 사람의 이미지를 결정해버리죠. 직장에서도 사람을 만나고 나를 알리는 데에는 생각보다 비용과 시간이 많이 듭니다. 회사에서 사람을 많이 만나고 인간관계를 넓혀간다고 이야기할 수 있지만, 사회생활 속에서 실제로 우리는 서로를 잘 알려고 하지 않습니다. 여러분에 대한 관심도(조회 수)도 거의 제로에 가까울 것입니다. 그러므로 스스로가 자신을 노출하지 않으면 그 어떤 사람도 나를 조회하지 않습니다. 그리고 나를 노출한다고 해도 나에 대한 참여도는 얼마 되지 않습니다.

온라인 마케팅에서 상품을 팔 때 대략의 참여도를 1% 기준으로 하라고 말합니다. 상품이나 트렌드에 차이가 날 수 있지만, 네이버 온라인 마켓에서도 클릭률을 1% 정도로 보기 때문입니다. 구글의 조회 대비 구독자 수도 1%라는 통계적 수치도 있습니다. 즉 100명이 조회하면 1명 정도가 구독을 한다는 것이죠. 그러니 나에 대한 사람들의 참여를 높이기 위해서는 필연적으로 많은 사람을 만나야 하는 것입니다.

그렇다면 왜 우리는 자신을 노출해야 할까요? 우리는 사람을 통해서 기회를 얻기 때문입니다. 돈은 사람의 머리와 손을 통해 전달되며 움직입니다. 우리는 그것을 거래라고 부르죠. 즉 돈의 움직임의 원천은 결국 사람입니다. 시중에 나와 있는 돈 버는 기술에 대한 책들에서 공통된 맥락을 살펴보면 결국 '많은 사람을 만나는 것에 집중해야 한다'라는 것이 전부입니다. 온라인 마케팅으로 성공을 거둔 신사임당도 여전히 유튜브를 통해 콘텐츠를 생산해내며 사람들을 만나는 것에 집중하고 있습니다. 미국 주식으로 부자 되기, 미국 주식으로 은퇴하기 유튜버들이 과연 미국 주식으로만 돈을 벌고 있을까요? 이들 모두 사람들을 만나는 데 집중하고 있습니다. 많은 사람을 만날수록 새로운 기회를 얻을 수 있는 것이죠. 부자 되는 기술은 바로 거기서부터 시작입니다.

07.
실전에 통하는
공부가 답이다

누구에게나 인생에서 세 번의 기회가 찾아온다고 합니다. 또는 많으면 일곱 번도 온다고 하는데 과연 내게는 몇 번의 기회가 찾아왔을까요? 어떤 기회는 아예 인지하지 못한 채 사라져 버리는 경우도 있고, 인지했음에도 확신이 없어 실행에 옮기지 못하는 경우도 더러 있습니다. 저도 그런 일화가 있었습니다. 부동산으로 큰돈을 벌 수 있는 기회가 있었는데 이를 놓쳐버렸거든요. 한번은 부산 시내 중심의 대단지 아파트에 청약이 당첨된 적이 있습니다. 저는 해가 거의 안 들어오는 외곽지역의 2층 아파트에 살아본 기억이 있다 보니 2층 집이 인기가 없고 팔리기 어렵다는 것을 잘 알고 있었기 때문에, 남들이 흔히 말하는 임장도 해보지 않고 단순히 며칠 고민 후에 이 청약을 바로 포기해 버렸습니다. 제가 당첨된 층수가 2층이었거든요. 이후 1년여 즈음 지나고, 그 아파트에 어마어마한 프리미엄이 붙었다는 것을 확인했습니다. 순간의 잘못된 판단으로 큰돈을 날려버린 셈이었죠. 사실 제가 과거에 살았던 외곽지역의 아파트와 부산 대도심에 있는 아파트의 입지 차이는 큰 영향을 미치는 요소임에도 불구하고 저는 이를 고려하지 않았던 것이었습니다.

부동산 실전 공부를 한 사람이라면 '브역대신평초'라는 공식을 들어보았을 것입니다. 브랜드, 역세권, 대단지, 신축, 평지, 초등학교의 줄임말입니다. 제가 청약 당첨된 아파트는 2층일 뿐 이 나머지 여섯 가지 요소를 모두 만족하는 매력적인 아파트였습니다. 단순히 운이 없었다고 하기에는 자다가도 벌떡 일어날 정도입니다. 인생에 있어 평온할 수 있는 몇 년의 시간을 내동댕이친 것이나 다름없었죠.

제가 이런 기회를 놓치게 된 결정적 이유는 실전에 약했기 때문이라고 생각합니다. 보통 남들에게 보여주기식의 이론적 공부, 자격증과 같은 수험적 공부, 학술적 공부만 해왔던 것이 문제였습니다. 회사에서는 A등급의 고성과자였고, 토익 900

점 이상의 화려한 영어점수가 있었지만, 현실에서는 아무런 쓸모가 없었습니다. 결국 실전에 쓰일 다른 공부가 필요함을 깨달았습니다. 실전이라 함은 이상만을 좇는 것이 아니라 현실과 조우할 수 있는 지혜입니다. 이 실전 공부는 논리적인 기초지식에서부터 발품, 손품을 통해 터득된 학습 기반의 경험적 지혜입니다. 지식이 풍부한 것도 좋지만, 지혜로워야 돈을 벌 수 있습니다.

우리가 AI가 아닌 이상, 또는 AI를 활용하지 않는 이상 학습에는 시간 투자와 몰입이 필요합니다. 그리고 반드시 시행착오를 거치고 어제보다 조금이라도 더 나은 상태로 발전해야 하는 것이 중요합니다. 이 궤도 위에 올라타야 자신이 바라는 지혜가 축적될 것이며, 눈앞을 지나치는 인생 변화의 기회를 놓치지 않게 될 것입니다.

08.
금융공학적
사고를 하라

직장인의 업무 분업화는 전체 기업 전반의 상태를 보지 못하는 맹인으로 만들어 버릴 수 있습니다. 특히 제조업 회사에서 오래 근무해온 직장인의 경우 생산공학적 사고에서 잘 벗어나지 못합니다. 기업 경영을 단순히 생산 가동으로만 판단하려 드는 것이죠. 즉 재료 공급(Input) → 가동률(Process) → 공급 물량(Output)만을 생각합니다. 하지만 실제로 돈을 버는 사람들은 금융공학적 사고를 합니다.

차입(대출, 자본) → 생산 가동(재료 공급, (인풋)→

가동률(프로세스) → 공급물량(아웃풋)) → 이익

기업에서 이는 사장님의 시각이죠. 직장인이 사장님의 시각을 가지는 것은 어렵습니다. 그러나 금융공학적 사고를 하게 되면 사장님과 기업을 보는 눈높이가 비슷해질 수 있습니다. 자신의 삶을 하나의 경영으로 보는 것이니까요. 생산공학적 사고에서 금융공학적 사고로의 전환은 생각보다 어렵습니다. 마치 마라톤 선수가 수영을 하는 것과 비슷합니다. 다른 근육을 움직여야 잘할 수 있는 것입니다. 그렇다면 왜 금융공학적 사고를 가져야 할까요?

금융공학적 사고의 가장 큰 장점은 바로 기회비용을 캐치할 수 있다는 것입니다. 우리는 알게 모르게 놓치고 있는 기회비용들이 많습니다. 집을 사기 위해 큰 빚을 지거나 많은 돈을 보험회사에 투입하는 것과 같습니다. 금융공학적 사고를 하게 되면 합리적 사고를 할 수 있습니다. 그리고 위험을 줄입니다. 무엇보다 회사에서의 긴급한 일과 나에게 있어 중요한 일의 구별점을 확보할 수 있습니다.

저는 개인적인 일보다 회사에 더 보탬이 되는 것이 회사의 녹을 먹는 사람으로서의 미덕이라 여겨왔습니다. 앞서 말한 부동산 청약 당첨 후 잘못된 판단으로 큰 기회를 놓친 것은 사실 회사의 긴급한 업무처리에만 집중하고 다른 일들을 돌아볼 여력이 부족했기 때문이었습니다. 그 탓에 제 개인적으로 의미 있고 중요한 일을 소극적으로 처리해버린 것이었죠.

제가 생각하는 금융적 사고의 두 번째로 큰 장점은 시장에 대한 유연한 사고를 가질 수 있도록 지원해 준다는 것입니다. 비합리적인 시장, 시장의 변동성, 소비심리로 기인된 돈의 흐름을 보다 폭넓고 깊이 이해할 수 있도록 해줍니다. 시장에서의 거래는 필연적으로 크고 작은 이익과 손해가 발생합니다. 그것이 통화의 형태이든, 시간적 형태이든 간에 말이죠. 그래서 보통 우리는 주변 지인들과의 거래를 꺼려 합니다. 이익을 보거나 손해를 보는 것에 대한 심리적 불편함 때문입니다. 사촌이 땅을 사면 배가 아프다는 말도 이런 맥락 중 하나입니다. 이러한 불편한 심리를 줄이기 위해서 우리는 지인과 거래를 지양하고 차라리 타인과 거래합니다. 이는 사람들의 심리 자체가 내가 잘 아는 사람, 내가 잘 아는 영역에서는 기본적으로 손해보기 싫어하기 때문입니다.

특히 피어그룹(또래집단) 내의 사고와 태도는 한 개인의 사고와 태도를 결정짓는 중요한 요소입니다. 사람이란 누구보다 자기중심적 사고를 하는 동물이므로 이 그룹 안에서 우리는 남을 잘 인정하지 않는 묘한 심리가 숨어있습니다. 그래서 우리는 어떤 주어진 사안에 대해 절대평가보다 내 주위 사람들과의 상대평가에 더욱 민감하다는 뜻입니다. 그런 심리에 기반해 시장은 피어집단 내의 거래가 아닌 피어그룹 간의 거래가 더욱 왕성하다고 볼 수 있습니다. 이 피어그룹 간의 거래는 기본적으로 거래의 불균형과 비합리성을 전제로 이루어집니다. 중기, 단기 등의 기간에 따른 시장의 합리성을 찾을 수도 있겠지만, 기본적으로 비합리적임을 전제로 두는 것이 좋습니다. 시장을 너무 과학적으로 해석하려다 보면, 오히려 그 논리 속에서 한참을 빠져 헤어나오지 못할 수 있습니다. 한 개인이 주장하는 합리성과 자신이 옳다고 주장하는 절대적 진리만을 추종하다 보면 유연한 사고를 하지 못하게 되고, 시장의 흐름과 전혀 다른 궤도에서 맴돌다 오히려 실패의 쓴맛을 보아야 할지도 모릅니다.

실제로 시장은 전혀 예상하지 못한 물건들이 팔립니다. 집에 고이 모셔둔 면봉 한 통도 온라인에 내놓으면 사려는 사람이 분명 있습니다. 몇 해 전에는 우리나라의 안동호미나 일명 빨간장갑이라고 불리는 코팅 면장갑 등이 미국 아마존에서 불티나게 팔렸습니다. 내게는 아무것도 아니지만 세상에는 그것을 필요로 하는 사람이나 집단이 어딘가에 꼭 있다는 뜻입니다. 그러므로 돈을 벌기 위해서는 시장의 이러한 비합리성을 받아들이고, 유연한 사고를 바탕으로 접근해야 된다는 점을 명심해야 합니다. 금융적 사고는 내 자산에 대한 올바른 시각과 이를 토대로 합리적 의사결정을 지원하며 부를 쌓는 데 필히 도움을 줄 수 있습니다.

TIP
부자 되는 습관,
렛잇비

부자 되는 습관을 비틀스의 옛 노래인 '렛잇비(Let It Be)'에서 찾아봅니다. 말 그대로 '순리에 맡겨라', '그대로 두어라' 등으로 해석할 수 있겠지만, 저는 '힘을 빼라'라는 메시지가 아닐까 생각합니다. 힘을 빼고 있어야, 힘을 주어야 할 타이밍에 집중할 수 있습니다. 그런데 왜 힘을 빼야 할까요? 힘을 빼야 성공한다는 원리는 스포츠, 주식투자, 회사의 업무, 창의성이 필요한 창업이나 마케팅 등의 분야에서도 동일하게 작용한다는 것을 저는 최근에야 알게 되었습니다.

우선 회사 이야기를 해 보겠습니다. 회사에서 인정을 받는 상사들은 진정으로 필요한 순간에 필요한 역할을 해주는 사람입니다. 기업에서 성공한 사람을 꼽으라면, 당연 사장님이겠죠. 사장님은 실무에서 뛰어다니기보다, 올바른 의사결정을 위해 힘을 빼고 기다리는 시간이 더 많습니다. 반면, 인정을 못 받는 상사들은 불필요한 것에 힘을 많이 쏟아붓죠. 부하직원의 단순한 영수증 처리 실수, 보고서의 오탈자를 지적하며 언성을 높이고 애사심 퍼포먼스를 시전하며 타인의 감정을 상하게 합니다. 이러한 사람들은 일의 본질을 망각하고, 드러난 현상에만 집중하니 결국 존경받는 사람이 되지 못합니다. 회사 일이라는 것도 힘을 완전히 빼야 하는 상황에서는 자연스럽게 그렇게 하게끔 해야 합니다.

스포츠와 같은 신체적인 활동도 마찬가지입니다. 예를 들어, 축구공을 찰 때 온몸에 힘을 주고 차면 그 힘은 온전히 공에 전달되지 못해서 멀리 날아가지 못합니다. 그러나 힘을 빼고 정확히 집중해야 될 포인트에 체중을 실어 공을 차면 더욱 강하게 멀리 찰 수 있습니다. 세계적인 축구 스타 메시나 호나우두가 성공한 원리도 그렇습니다. 우리 인체의 에너지는 한정적인데도 불구하고 이들이 그 어떤 선수보다 유명해진 이유는, 정확히 언제, 어디에 집중해서 힘을 쏟아부어야 할지 누구보다 잘 알았기 때문입니다. 실제로 18/19 챔피언스리그의 주요 공격수들의 뛴 거리량에서 메시와 호날두는 다른 주요 공격수들에 비해 월등히 적었죠.

창의성이 필요한 일에도 마찬가지입니다. 우리의 생각도 마치 마시멜로처럼 말랑말랑해야 유연한 사고를 할 수 있고, 이를 바탕으로 새로운 뭔가가 탄생될 가능성이 높습니다. 우리 모두는 일종의 '사고의 편향'을 가지고 있습니다. '유사성 효과'라는 것도 자신의 주위 사람들에게 긍정적인 반응을 보이면서 그 집단의 사고를 하게 됩니다.

가끔 사람은 자신의 생각이 굳어있었다는 것을 깨달을 때가 있습니다. 이것은 종종 사업의 실패, 인간관계의 후회, 투자의 손실 등과 같은 실패를 통해 발견하게 되죠. 제게는 책을 내는 과정이 그랬습니다. 창업자가 개발한 창업 아이디어도 그렇습니다. 모두가 대박을 칠 것 같은 예감에만 빠져있죠. 그래서 책을 쓰는 작가에게는 에디터가 필요한 것이고, 창업자들에게는 창업 멘토가 필요하다고 생각합니다. 성공을 위해서는, 남들의 어떤 의견이나 주장을 방어하는 데 에너지를 쏟을 필요는 없습니다. 정작 내가 쏟아부어야 할 생각의 에너지를 낭비하는 것이 될 수 있습니다.

주식과 같은 금융투자도 마찬가지입니다. 잃지 않는 투자, 부자들보다 더 기다리는 연습, 욕심을 버리는 훈련 등이 전제되어야 힘을 빼고 기다릴 수 있습니다. 기업도 시장의 반응을 기다리고 있는 여러 주체 중의 하나입니다. 그렇듯 기업의 가치도 시장의 상황에 따라 어느 순간 갑자기 솟구쳐 오를 수 있는 것이죠. 그러므로 금융투자도 대부분 힘을 빼야 하는 시간이 더 많습니다. 그래야 이 투자를 성공으로 이끌 수 있습니다.

이러한 습관들을 내 것으로 만들기 위해, 많은 책을 읽고, 새벽 이른 시간에 깨어 명상을 해보는 것도 좋다고 생각합니다. 언제, 어디에 힘을 주고 집중을 해야 할지 그리고 평상시에는 어떻게 힘을 빼야 할지를 아는 것에 초점을 맞추는 습관을 가지려 노력해보세요.

비틀스의 폴 매카트니가 자신의 걱정, 근심을 내려놓게 해준 '렛잇비(Let it be)'를 '지혜의 말씀(words of wisdom)'이라고 표현했던 이유도 바로 그러한 맥락이라고 봅니다. 1970년 탄생된 이 노래는 50년이 넘은 현재까지도 긍정과 기쁨의 대명사처럼 서정적이고 아름다운 노래로 많은 사람이 기억하고 있습니다. 정말로 굉장하지 않은가요? 힘을 빼는 것은, 어쩌면 힘을 주는 것보다 더 어려운 일일지 모르겠습니다.

참고도서

01. 《금융, 배워야 산다》, 한국경제신문, 최일

02. 《4계절 투자법》, 리툴북스, 최일

03. 《디레버리징》, 좋은땅, 박홍기

04. 《더 해빙》, 수오서재, 이서윤/홍주연

05. 《킵 고잉(KEEP GOING)》, 21세기북스, 주언규

06. 《노동행정법》, 필통북스, 정선균

07. 《인사관리와 고용관계》, 상경사, 최중락

08 《마케팅관리론》, 새흐름, 이인호

09. 《EBS다큐프라임 자본주의》, 가나출판사, 정지은/고희정

10. 《거시조직이론》, 무역경영사, 김인수

11. 《이론판례 노동법》, 에듀비, 김기범

12. 《지성의 돈 되는 부동산 1인 법인》, 잇콘, 지성/이승현

13. 《조직행위론》, 한경사, 신유근/이춘우

14. 《노동과 자본의 통합이론 신인사관리》, 홍문사, 박경규

15. 《자유론》, 리브로, 존 스튜어트 밀

16. 《위대한 기업에 투자하라》, 굿모닝북스, 필립 피셔

17. 《어떻게 살 것인가》, 생각의길, 유시민

18. 《국가란 무엇인가》, 돌베개, 유시민

19. 《부의 추월차선》, 토트, 엠제이 드마코

20. 《소비자 행동론》, 학현사, 황용철

21. 《GIVE & TAKE》, 생각연구소, 애덤 그랜트

23. 《부자 아빠 가난한 아빠》, 민음인, 로버트 기요사키

24. 《소음과 투자》, 북돋움, 리처드 번스타인

25. 《워런 버핏의 주주 서한》, 서울문화사, 워런 버핏

26. 《피터 린치의 이기는 투자》, 흐름출판, 피터 린치

27. 《돈, 뜨겁게 사랑하고 차갑게 다루어라》, 미래의창, 앙드레 코
스톨라니

28. 《CFO 강의노트》, 서울경제경영, 황이석

29. 《워런 버핏 바이블》, 에프엔미디어, 워런 버핏/리처드 코너스

30. 《자본주의 사용설명서》, 부키, 짐 스탠포드

31. 《금융투기의 역사》, 국일증권경제연구소, 에드워드 챈슬러

32. 《월가의 영웅》, 국일증권경제연구소, 피터 린치/존 로스차일드

33. 《지혜와 성공의 투자학》, 이끌리오, 로버트 해그스트롬

34. 《가이드 투 더 마켓(Guide to the Market)》, JP Morgan

월급탈출
로드맵

초판 1쇄 발행 2021년 4월 26일

지 은 이 최용석, 유성열
펴 낸 이 정혜윤
마 케 팅 윤아림
디 자 인 더블디앤스튜디오
펴 낸 곳 SISO

주   소 경기도 고양시 일산서구 일산로635번길 32-19
출판등록 2015년 01월 08일 제 2015-000007호
전   화 031-915-6236
팩   스 031-5171-2365
이 메 일 siso@sisobooks.com

ISBN 979-11-89533-62-5 13190